JOHANNES UND LUIS BAUER
MIT LISA BITZER

WENN DER TOD KOMMT, IST SENSE

UNGLAUBLICHE GESCHICHTEN UND SKURRILES WISSEN AUS DEM BESTATTERALLTAG

e

DISCLAIMER

Die in diesem Buch erzählten Geschichten haben sich alle so oder so ähnlich abgespielt. Aus Gründen der Pietät und Diskretion haben wir jedoch alle Handlungen, Personen und Orte verändert und anonymisiert.

So könnt ihr mit uns Kontakt aufnehmen:
Bestattungen Burger
Nachfolger J. Bauer e.K.
Schwabacher Straße 95–97
90763 Fürth
Tel.: 0911/7230390
info@bestattungen-burger.de
TikTok/Instagram/Facebook/YouTube: @bestattungenburger

MIX
Papier aus verantwortungsvollen Quellen
FSC® C145070

echtEMF ist eine Marke der Edition Michael Fischer

1. Auflage
Originalausgabe

Covergestaltung: Silvia Keller, unter Verwendung eines Motivs von
© Shutterstock/Snowboard School
Lektorat: Beate De Salve, Pulheim
Fotos auf den Innenseiten und der Buchrückseite: © privat und
© Nicolas Armer
Illustrationen im Innenteil: Pia von Miller
Layout/Satz: Zoe Mitterhuber
Gedruckt bei GGP Media GmbH, Karl-Marx-Straße 24, 07381 Pößneck

ISBN 978-3-7459-1085-8

www.emf-verlag.de

INHALT

Was nützt dir die schönste Beerdigung,
wenn‘st die Leich‘ spielen musst?

MARIA BAUER

VORWORT VON LUIS

Ich erinnere mich noch genau an den Tag, an dem ich den ersten toten Menschen sah. Ich war im Grundschulalter, vielleicht sieben oder acht Jahre alt, und lief durch den Raum, in dem die Angehörigen von ihren Verstorbenen Abschied nehmen können.

Und plötzlich stand er da: der offene Sarg, umgeben von einigen Kerzen und einem Blumengesteck, darin ein alter Mann. Es wirkte, als würde er schlafen, aber ich wusste, dass er tot war. Seine Haut sah anders aus, wächsern und bleich. Trotzdem wirkte er friedlich und irgendwie so, als ob ein Teil von ihm schon gar nicht mehr da wäre.

Die Toten gehörten für mich immer dazu, sie waren ja Papas Arbeit. Weil ich oft im Bestattungsinstitut war, fand ich auch den Beruf des Bestatters nicht merkwürdig. Im Gegenteil, er faszinierte mich, und je älter ich wurde, desto eher konnte ich mir vorstellen, eines Tages in das Familienunternehmen einzusteigen.

Viele Leute denken, dass Bestatter auf dem Friedhof Löcher buddeln, den Angehörigen die Hand halten und Särge im Leichenwagen durch die Gegend fahren. Dabei hat der Beruf viel mehr zu bieten. Bestatter sind nämlich richtige Allrounder. Wir müssen, oft unter Zeitdruck, gut planen und organisieren können, ein Auge für Ästhetik haben, wenn wir die Deko bei den Trauerfeiern arrangieren oder die Zeitungsanzeigen layouten, handwerklich begabt sein (weil eben doch manchmal ein Grab ausgehoben oder ein Sarg beschlagen werden muss) und dürfen keine Angst vor der Arbeit an fremden Körpern haben. Wir sollten einfühlsam sein, ohne die oft traurigen Geschichten zu sehr an uns heranzulassen. Vermitteln, wenn es zum Knatsch zwischen den Hinterbliebenen kommt. Selbstbewusst auftreten, wenn wir Vorträge und Workshops zu den Themen „Trauer“ und „Trauerbewältigung“ halten. Bestatter sind Eventmanager, Seelsorger, Kosmetiker, Bürohelden, Organisationsgenies und Mediatoren in einem. Und ja, auch gute Autofahrer, denn wir verbringen im Jahr Tausende von Kilometern auf der Straße, um Verstorbene zu überführen, Behördengänge zu erledigen und Trauerfeiern auf Friedhöfen zu betreuen.

Es ist die Vielseitigkeit, die mich von Anfang an an diesem Job faszinierte (im Gegensatz zu meinen Schwestern, die sich – zumindest aktuell – nicht so recht vorstellen können, jemals in die Fußstapfen unseres Vaters zu treten)[1]. Für einen Bestatter macht es keinen Unterschied, ob ein Verstorbener arm oder reich, politisch links oder rechts, beliebt oder unbeliebt, Vegetarier oder Fleischesser, jung oder alt war. Zumeist kenne ich die Menschen, mit denen ich zu tun habe, nur tot. Ich weiß nicht, ob sie liebende

---

1 Amelie besucht die achte Klasse eines musischen Gymnasiums in Fürth und betreut unseren Snapchat-Account, aber Bestatterin möchte sie nicht werden. Pauline, die Jüngste, geht ab und zu mit mir in die Firma und hat auch kein Problem damit, bei der Versorgung eines Toten dabei zu sein. Vor Kurzem meinte sie, sie wolle nach dem Schulabschluss auch bei Burger anfangen.

Väter, tolle Mütter, strenge Chefinnen, zickige Kollegen, Bayern-München- oder Greuther-Fürth-Fans waren. Im Tod sind alle gleich, und ich behandle sie mit Respekt.

Warum schreiben wir dann ein lustiges Buch über unsere Arbeit im Bestattungsinstitut? Wieso erzählen wir Geschichten von auf den Boden krachenden Särgen (wenigstens ohne Verstorbenen darin), in Teppiche eingerollte Tote oder Mumien aus dem Keller? Weshalb lassen wir uns so in die Karten schauen? Weil wir es als unsere Mission verstehen, die Gesellschaft über Tod, Trauer und unseren Beruf aufzuklären. Weil wir beinahe täglich merken, wie stark die Berührungsängste der allermeisten Menschen mit dem Tod sind, wie wenig sie darüber wissen und wie groß dann doch das Interesse ist. Wir wollen den Tod und dem Sterben ein wenig den Schrecken nehmen. Und weil wir glauben, dass Humor dafür das beste Mittel ist, versuchen wir es auf die spaßige Art. In den Geschichten, die wir euch in diesem Buch erzählen, machen wir uns deswegen nicht über die Toten, sondern vor allem über uns, die Lebenden, lustig und zeigen, dass unser Beruf unglaublich viele Facetten hat.

Wir wünschen euch viel Freude beim Lesen und hoffen, dass ihr euch nicht totlacht – und falls doch, helfen wir gern weiter.

GESTORBEN WIRD IMMER

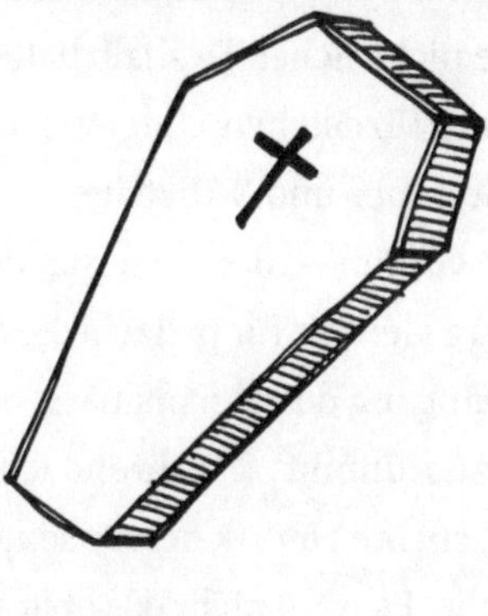

Jedes Jahr sterben in Deutschland etwa 950 000 Menschen, mehr als ein Drittel davon an Herz-Kreislauf-Erkrankungen. Da es deutschlandweit nur etwa 5 500 Bestattungsunternehmen gibt, haben wir alle Hände voll zu tun – sogar dann, wenn keine Pandemie die Welt in Atem hält.

ABHOLUNG

AB DURCH DIE HECKE

Fürth, 27 Grad, 19 Uhr. Henrik und ich saßen schwitzend in unserem Oldtimer-Leichenwagen und näherten uns einem Wohnkomplex im Herzen der Stadt. Wir sollten Frau Müller, eine ältere Dame, aus ihrem Apartment abholen, die dort ein paar Stunden vorher ihren letzten Atemzug getan hatte. Klingt friedlich, doch der Arzt war sich bezüglich der Todesursache nicht sicher. Deshalb hatte er veranlasst, dass wir die Leiche zur polizeilichen Untersuchung bringen sollten.

Es roch nach Sommer und Würstchen – an so einem Abend konnte man nur Grillen –, doch wir standen ratlos mit unserem Kunststoffsarg, den wir für polizeiliche Abholungen immer verwenden, am Eingang des Hochhauses. So viele Namen und keine Stockwerkzuordnung ... Während ich nach der richtigen Klingel fahndete, suchte Henrik nervös seine Latexhandschuhe in der Hosentasche. Es wäre nicht das erste Mal, dass er wieder zum Auto zurückmüsste, um sie zu holen. Vor dem Haus gab es keine freien Parkplätze, weshalb wir eben mit dem leeren Sarg um den ganzen Wohnkomplex gehen mussten. Nervig.

Ich drückte die Klingel neben dem Namen Müller. Nur wenige Augenblicke später tönte der Summer, die Tür ging auf.

„In welchen Stock müssen wir?“, rief ich in die Gegensprechanlage, doch niemand antwortete.

„Wir werden es schon finden, Cheffe", meinte Henrik und schob unseren Sargwagen durch die Eingangstüre. Gut gelaunt arbeiteten wir uns mit dem sperrigen Ding durch das enge Treppenhaus in den ersten Stock. Keine Spur von „Müller". Also weiter in den zweiten. Insgeheim graute mir ein wenig vor dem Rückweg, denn dann hätten wir mehr Gewicht zu tragen und würden den Sarg nicht mehr ganz so bequem von links nach rechts und von oben nach unten hieven können.

„Wieso nehmen wir eigentlich nicht den Aufzug?", wollte Henrik wissen, als wir außer Atem, im vierten Stock ankamen.

„Der ist zu klein. Stell dich mal nicht so an. Die alte Dame ist nicht schwer und ein wenig Fitness tut dir auch ganz gut."

Begeisterung sieht anders aus, konnte ich in Hendriks Gesicht lesen. Wir marschierten am fünften, sechsten und siebten Stock vorbei. Noch immer kein „Müller" in Sicht. Inzwischen waren wir völlig durchnässt – vergessen Sie nicht, es war Hochsommer – und auch bei mir machte sich langsam Unmut breit. Im zehnten Stock angekommen kamen mir ernsthafte Zweifel, ob wir im richtigen Haus waren, weiter ging es nicht.

„Ja, wo ist denn jetzt die Tote?", rief Henrik keuchend und so laut, dass seine Stimme von den Flurwänden widerhallte.

„Ich weiß es nicht." Stöhnend wischte ich mir den Schweiß von der Stirn.

„Immerhin wird der Abstieg weniger anstrengend."

„Sollen wir mal irgendwo klopfen?"

„Und die Leute fragen: ‚Entschuldigung, haben Sie hier zufällig jemanden, den wir mitnehmen können?‘ Ne!“, sagte ich entschieden.

Neun ganze Stockwerke arbeiteten wir uns wieder nach unten. Ich war mir ziemlich sicher, dass wir im falschen Gebäude des Wohnkomplexes gelandet waren (Müllers gab es schließlich viele), als plötzlich eine Wohnungstür im ersten Stock aufgerissen wurde.

„Da sind Sie ja endlich! Wo bleiben Sie denn?“, rief ein feister Polizist, der im Türrahmen stand, und schüttelte den Kopf. „Ihr Leben will ich haben!“

Ich verkniff mir jeden Kommentar. Immerhin hatten wir die Wohnung der Verstorbenen – und damit auch die Tote – gefunden, auch wenn wir nass geschwitzt und immer noch außer Puste waren.

Weil wir so viel Zeit mit der Wohnungssuche verplempert hatten, beschloss ich nach dem Einbetten kurzerhand: „Bevor wir den Sarg jetzt wieder ums Gebäude herumtragen, gehen wir durch den Innenhof. Das ist eine Abkürzung.“

Henrik nickte dankbar, und so trugen wir den nunmehr schweren Sarg ins Erdgeschoss, wo wir durch eine gläserne Tür den Innenhof des fünfeckig angelegten Gebäudekomplexes betraten. Wenn ich mich richtig erinnerte, musste der Wagen genau auf der gegenüberliegenden Seite stehen. Über die Steinplatten liefen wir an den Balkonen im Erdgeschoss vorbei. Und hier war viel los. Wunderbares Wetter, Feierabendzeit: Die Bewohner bereiteten ihren Grill vor oder genossen es einfach, draußen zu sein. Umso überraschender der Anblick von zwei Bestattern mit Sarg. Ungläubig sahen sie uns hinterher.

„Guten Abend", grüßte ich einen Mann mit Glatze, der gerade die Steaks auf seinem Elektrogrill wendete. Ihm fiel vor Schreck das Fleisch aus der Zange, und sein Mund klappte auf. Auf dem Balkon daneben machten sich zwei ältere Herrschaften die Mühe, aus ihren Gartenstühlen aufzustehen, als wir vorbeidefilierten. Der glatzköpfige Herr war bis auf eine knappe Badehose unbekleidet, die Dame neben ihm trug einen pinkfarbenen Bikini und hielt eine Boulevardzeitung in der Hand. „Guten Abend", grüßte ich wieder und nickte ihnen freundlich zu.

„G-g-guten Abend", stammelte der Mann in der Badehose und glotzte mich an, als wäre ich das achte Weltwunder. Ich konzentrierte mich auf den Weg vor mir und versuchte, die entsetzten Anwohner zu ignorieren, deren Blicke uns auf Schritt und Tritt verfolgten. Mittlerweile schienen uns auch die restlichen Nachbarn im Wohnblock bemerkt zu haben.

„Mama, guck mal!", quiekte eine Kinderstimme von weiter oben, und eine ältere Frau rief vom Balkon ins Innere ihrer Wohnung: „Herbert! Komm, das musst du dir ansehen."

Ich nickte weiter in alle Richtungen und wünschte einen guten Abend, als wären wir auf einer Cocktailparty. Die Situation war so skurril, dass ich spürte, wie aus der Tiefe meiner Kehle ein Glucksen nach oben drängte. Jetzt bloß nicht lachen!, rief ich mich zur Räson. Aber je mehr Balkone wir passierten, und je weiter wir uns der rettenden anderen Seite näherten, desto weniger konnte ich mich beherrschen. Und dann geschah es: Ich musste lachen. Das erste Glucksen rumpelte vollkommen unkontrolliert aus mir heraus, sehr zum Entsetzen einer jungen Frau ein paar Meter neben uns, die gerade dabei war, die Kräuter in ihren Balkonkästen zu gießen. Das zweite Glucksen tarnte ich mit einem Niesen.

„Alles okay, Chef?", erkundigte sich Henrik von hinten. Ich nickte so heftig mit dem Kopf, dass ich beinahe schon wieder zu lachen angefangen hätte. Zum Glück hatten wir unseren Spießrutenlauf endlich hinter uns gebracht und waren am anderen Ende des Innenhofes angekommen. Doch die gläserne Tür, die zum Treppenhaus – und damit zum Ausgang – geführt hätte, war verschlossen.

„Und jetzt?", fragte Henrik mit leichter Panik in der Stimme. Die Vorstellung, den ganzen Weg zurück- und erneut an den Balkonen vorbeizumarschieren, fand er offenbar genauso verlockend wie ich. Ich machte ein paar Schritte zur Seite. Neben der Glastür befand sich ein Durchgang, der allerdings durch eine breite Hecke versperrt war. Dahinter, auf der Straße, sah ich die Kühlerhaube unseres Wagens. Was tun?

„Chef?", fragte Henrik.

Ich dachte an die Nachbarn in Feierabendstimmung. Gegrillte

Steaks, kühles Bier, glänzende Halbglatzen, sonnenverbrannte Dekolletés ... und wir mit dem Sarg.

„Ab durch die Hecke", beschloss ich kurzerhand.

„Wo ... durch?", wollte Henrik ungläubig wissen, aber da war ich auch schon mit Schwung durch die Hecke und zog ihn samt Sarg einfach mit – beobachtet von den ungläubigen Anwohnern des Wohnblocks, die uns mit großer Wahrscheinlichkeit für vollkommen durchgeknallt hielten. Immerhin: Der Wagen stand so weit weg von den Balkonen, dass garantiert niemand den Firmennamen auf der Fahrertür erkennen konnte.

Selten war ich so froh, den Sarg im Auto verladen und endlich Gas geben zu können.

EIN TOTENSTILLES ÖRTCHEN

Wir hatten Polizei-Notdienst und warteten auf den nächsten Sterbefall. Manchmal war wirklich der Wurm drin: Überall wurde gestorben und beerdigt, nur wir drehten Däumchen.

„Du hättest mir den Urlaub ruhig genehmigen können. Ich könnte diese Woche am Strand liegen, anstatt mir hier den Hintern platt zu sitzen!", maulte Tobi und biss in seinen Döner.

„So ist das eben als Bestatter: Du weißt nie, wann du ranmusst." Ich wollte mit meiner Aushilfe nicht schon wieder eine Diskussion darüber führen, wann er in die Ferien fahren konnte und wann nicht. Er hatte doch gewusst, worauf er sich bei der Arbeit in einem Bestattungsunternehmen einließ.

In diesem Moment riss mich das Klingeln des Telefons aus meinen Gedanken.

„Kriminalhauptkommissar Kellermann! Wir brauchen einen Notsarg, und wenn's geht, gestern."

Jetzt wurde es spannend. Wenn Kellermann anrief, wurde es meistens außergewöhnlich. In ein paar Minuten würde Tobi die Strände von Ibiza vergessen haben, jede Wette.

„Was haben Sie denn diesmal, Kellermann?"

„Da hat einen der Blitz beim Scheißen getroffen!"

Beinahe wäre mir das Handy aus der Hand gefallen.

„Machen Sie Witze?", fragte ich ungläubig.

„Nein", erwiderte der Kriminalkommissar mit dröhnender

Stimme. „Der Tote sitzt immer noch auf der Schüssel. Kommen Sie schnell, es ist überall Blut, und die Nerven der Familie liegen blank. Die Angehörigen sind vor Ort."

Kellermann war vieles, aber kein Mann vieler Worte.

Wir packten unsere Sachen und fuhren vom Hof. Während wir mit siebzig Stundenkilometern durch den Ort brausten, dachte ich über das Sprichwort nach. Konnte einen wirklich beim Verrichten der Notdurft der Blitz treffen, sodass man das Zeitliche segnete? Sicher nicht. Aber woran war der Mann dann gestorben? Und wie kam das ganze Blut da hin?

Ich konzentrierte mich auf den Weg und bog in die nächste Hauseinfahrt ein. Als ich eine Gruppe ernst dreinblickender Leute rauchend vor der Haustür entdeckte, wusste ich, dass ich richtig war. Drei untrügliche Zeichen für Trauer: „versteinerte Mienen", „Zigaretten" und „vor der Haustür stehen".

Wir verließen den Wagen, kondolierten und sprangen die Stufen zum Haus empor.

Der Kriminalkommissar erwartete uns bereits im Flur.

„Na endlich! War ja klar, dass es bei euch wieder dauert. Musstet ihr erst eure Urnen sortieren?"

Kellermann, wie er leibt und lebt, dachte ich, verkniff mir aber jeglichen Kommentar. Stattdessen bahnten wir uns den Weg zur Toilette. Das war gar nicht so einfach, denn der Verblichene hatte in üblen Zuständen gelebt: In jedem Zimmer lag Müll herum. Im Laufe der Zeit hatten sich richtige Trampelpfade durch die

Berge an Krimskrams gebildet. In der Küche türmte sich das dreckige Geschirr. Ein Messie-Haushalt wie aus dem Bilderbuch, doch das konnte ich ausblenden, schließlich war es nicht das erste Mal, dass ich so etwas erlebte.

Wir stellten den Notsarg vor dem Badezimmer ab, und ich öffnete behutsam die Tür. Trotz des Chaos hatte ich Respekt vor dem Anblick des Verstorbenen. Das habe ich immer. „Ach du Scheiße!“, entfuhr es Tobi, womit er sich sofort einen Kniff in die Seite von mir einfing.

Aber selbst ich war für einen Moment sprachlos.

Wie hat er denn das geschafft?, fragte ich mich.

Das Bild, das sich uns bot, war zum einen skurril, zum anderen aber auch unendlich traurig. Da saß der alte Herr mit heruntergelassener Hose auf der Kloschüssel. Er war vornübergekippt und hielt sich mit einer Hand an den Füßen fest. In der anderen hatte er noch Klopapier. Es war nicht zu fassen, aber offenbar war er tatsächlich beim Erledigen seines Geschäfts verstorben.

Nur, warum war der ganze Boden voller Blut? Das ergab doch keinen Sinn.

„Was ist mit ihm passiert?“, fragte ich Kellermann. „Was hat der Arzt gesagt?“

„Ösophagusvarizen[2]“, bemerkte der Kriminalkommissar trocken. „Sind beim Pressen aufgeplatzt. Er ist durch den Mund verblutet.“

---

2 Ösophagusvarizen sind Krampfadern, die sich in der Speiseröhre befinden. Wenn sie platzen, kann man innerhalb von Minuten verbluten.

Ich atmete tief aus. Das war beileibe keine schöne Art zu sterben.

Wir befreiten den Verstorbenen aus seiner misslichen Lage und betteten ihn behutsam in den Sarg. Als ich ihn so dort liegen sah, hatte ich plötzlich das dringende Bedürfnis, ihm ein bisschen Würde zurückzugeben. Er tat mir schrecklich leid.

Beim Betreten des Grundstücks war mir ein Rosenstock im Vorgarten aufgefallen, der zu dieser Jahreszeit in voller Blüte stand. Bevor wir ihn ins Auto schoben, ging ich kurz entschlossen an den Angehörigen vorbei, pflückte eine Rose und legte sie dem alten Herrn in die Hand. Ich bezweifelte, dass er es noch mitbekam, aber für mich war die Geste wichtig. Ein kleiner Trost in dieser schlimmen Situation.

Q&A – SCHON GEWUSST?

Werden Verstorbene im Sarg abgeholt, oder nehmt ihr eine Überführungsliege?

Das kommt immer auf die Situation an. Im Krankenhaus holen wir meistens mit der Überführungsliege ab, denn so können wir die Verstorbenen leichter transportieren. Auch bei Abholungen in Privathaushalten entscheiden wir uns oft für die Liege, es sei denn, die Angehörigen wünschen explizit, dass wir mit dem Sarg kommen. In ländlichen Bereichen findet manchmal noch zu Hause eine Aussegnung statt, da bringen wir natürlich immer den Sarg mit. Prinzipiell ist es aber besser, wenn der Verstorbene erst dann in den Sarg gelegt wird, wenn er bei uns im Institut gewaschen, desinfiziert und angekleidet wurde.

Wie viele Personen braucht man, um einen durchschnittlichen Verstorbenen zu tragen?

Bei der Abholung von Verstorbenen sind wir eigentlich immer zu zweit, und in der Regel reicht das auch aus. Mal ist es schwerer, mal ist es leichter, je nachdem. Wenn der Verstorbene viel wiegt ist, kommen wir manchmal auch zu dritt.

Was macht man, wenn der oder die Tote besonders schwer ist? Nimmt man dann einen Kran?

Wir hatten schon mal den Fall, dass ein Verstorbener so viel wog, dass er tatsächlich mit einem Kran ins Grab gelassen wurde. Anders wäre es einfach nicht gegangen. Damals haben die Angehörigen solange in der Trauerhalle gewartet – das war besser so. Erst als der Sarg abgesenkt und der Kran weg war, ging die Trauerfeier weiter.

LEICHENWAGEN

AUGEN AUF BEIM AUTOKAUF

Mit gerade einmal zwanzig Jahren übernahm ich die Firma von meinem Großvater. Er half natürlich auch nach der offiziellen Übergabe hier und da aus, verlangte dafür aber kein Geld – Ehrensache. Da er den Namen Burger über Jahrzehnte bekannt gemacht hatte, beauftragten uns die trauernden Familien auch nach der Firmenübergabe weiter, sodass mein Auskommen gesichert war. Die Kassen waren gut gefüllt, und ich hatte eine EC-Karte, mit der ich alles bezahlte was ich benötigte, sowohl für die Firma als auch privat. Es fühlte sich gut an. Von Rücklagen, Steuerschuld oder Investitionen hatte ich noch nie etwas gehört.

Im Jahr der Übernahme, 1998, fuhr ich auf eine Bestatter-Fachmesse nach Düsseldorf. Vor allem interessierte ich mich für die Leichenwagen, also schlenderte ich durch die Gänge der Ausstellung und malte mir aus, was für ein tolles Gefährt ich mir leisten würde. Besonders ein Hersteller sprach mich an. Seine Modelle bestachen durch ein sehr schönes Design, das ohne viele Verzierungen auskam; stattdessen setzte man auf gerade Linien und lang gezogene Kurven. Es war klar, dass ich eines dieser Autos haben musste, und Geld war ja vorhanden ...

Ich ließ mich beraten, entschloss mich schnell, setzte meine Unterschrift unter den Vertrag und war im siebten Himmel.

Die erste Hälfte des Kaufpreises, 120 000 D-Mark, war sofort fällig, die zweite Hälfte bei Auslieferung.

Damit fingen die Probleme an. Als der Wagen nämlich Monate später fertig war, hatte ich zwischenzeitlich meinen Mitarbeiter Henrik eingestellt, Büro-Räumlichkeiten in der Stadt angemietet und diverse andere Anschaffungen getätigt. Ich hatte mich finanziell völlig verhoben, was dazu führte, dass sowohl Geschäfts- als auch Privatkonten im dunkelroten Minus waren. Oh Schreck, das tat weh! Es war richtig übel, denn ich konnte nichts mehr in die Firma investieren und auch die meisten Rechnungen nicht mehr bezahlen.

Das hatte auch Auswirkungen auf unseren Alltag. Meine (zu Recht) fluchende Frau und ich schnallten die Gürtel enger, verwendeten anstelle von Shampoo und Duschgel nur noch Kernseife und genossen statt Steak und gutem Wein abgezählte Gurkenscheiben und Leitungswasser. Eine interessante Erfahrung, die mich schnell und schmerzlich lehrte, wie wichtig es ist, seine Finanzen zum einen im Blick und zum anderen fest im Griff zu haben. Es war tatsächlich eine harte Zeit, und es kostete mich gute zwei Jahre, wieder auf einen grünen Zweig zu kommen. Doch so merkwürdig das auch klingen mag: Ich möchte sie dennoch nicht missen.

Ich kann mich noch gut an den Tag erinnern, an dem meine Tante und ich das neue Auto in Neuss bei Düsseldorf abholten. In der Stunde, in der wir auf den Wagen warteten, kam ich mir richtig schäbig vor, weil ich – zumindest meiner Meinung nach – unangemessen gekleidet war. Ich hatte nur eine alte Jeans und einen ausgewaschenen Pullover an. Dabei nahm ich gerade ein Auto in Empfang, das mich eine Viertelmillion D-Mark kostete!

Immerhin war ich offenbar der Einzige, der sich über mein Outfit Gedanken machte. Den Mann, der mir den Schlüssel sehr unfeierlich in die Hand drückte, kratzte es anscheinend kein bisschen.

Wieder zu Hause angekommen, wollte ich den Wagen in der Garage parken, stellte jedoch überrascht fest, dass er zu lang war, sodass sich das Tor nicht mehr schließen ließ. Was blieb mir also anderes übrig, als es ein Stück offen zu lassen? Es würde schon gehen. Wer klaute schon einen Leichenwagen?

Sorgen bereitete mir nur, was meine Frau dazu sagen würde. Erst kaufte ich von Geld, das ich nicht hatte, ein Auto, und dann passte es nicht einmal in die Garage ... ich war noch nicht lange genug verheiratet, um viel über die Ehe zu wissen, aber dass diese Aktion nicht gut ankommen würde, war selbst mir klar.

Am nächsten Tag – es war ein Samstag, und mein Großvater kam wie immer mit Brötchen vorbei – sagte ich nach dem Frühstück zu ihm: „Komm mal mit nach draußen, ich hab eine kleine Überraschung für dich!"

Als wir vor der Garage standen, öffnete ich feierlich das halb heruntergelassene Garagentor und präsentierte mein Schätzchen.

Doch statt sich zu freuen, versteinerte seine Miene. Das Entsetzen stand ihm förmlich ins Gesicht geschrieben.

„Du bist ja wahnsinnig!“, lautete sein Urteil. „Wer soll denn das Ding bezahlen?“

Etwas selbstbewusster, als ich es tatsächlich war, verkündete ich, dass ich mir das gut überlegt hätte und das Geld locker reichen würde.

Okay, das war gelogen. Aber ich wollte meinen Großvater nicht enttäuschen. Im Nachhinein denke ich: Hätte ich ihn lieber mal vorher gefragt. Er war zwar ein Bestatter der alten Schule, doch wie man sein Geld gut investierte, das wusste er.

Trotz der finanziellen Mühen, die der Autokauf nach sich zog, war es ein sehr schöner Leichenwagen, der uns treue Dienste leistete und viele Verstorbene zu ihrer letzten Ruhestätte brachte. Leider war er aus einer Baureihe, in der minderwertiger Stahl verwendet wurde, deshalb hatten wir immer mit Rost und Lackschäden zu kämpfen. Vor sechs Jahren haben wir das Auto schließlich für 5 000 Euro nach Litauen verkauft. Der neue Besitzer hat es für sehr wenig Geld komplett restaurieren lassen, und noch heute leistet der Wagen in 3 000 Kilometern Entfernung treue Dienste.

ES KLOPFT

Es war ein kalter, verschneiter Montagmorgen im Winter. Ein paar Schneeflocken rieselten vom Himmel herab. Ich war gerade mit Tobi unterwegs, um einen Verstorbenen zum Friedhof zu bringen. Unsere Aushilfe saß am Steuer, wir hörten wie immer unsere Lieblingsmusik und sangen laut mit. Es mag komisch klingen, dass zwei Bestatter zusammen im Leichenwagen singen, aber für uns ist es ja auch nur ein Arbeitsweg. Ich war gerade dabei, den Refrain anzustimmen, als ich hinter mir ein Blaulicht aufleuchten sah.

„Was ist denn jetzt?“, fragte Tobi, der das Blaulicht ebenfalls gesehen hatte.

„Keine Ahnung, vielleicht bist du zu schnell gefahren“, erwiderte ich und stellte die Musik aus.

Wir fuhren rechts ran, und das Polizeiauto hielt hinter uns an. Sie meinten also tatsächlich uns. Das Herz rutschte mir in die Hose.

„Kacke, Alter. Hast du eine rote Ampel überfahren?“, wollte ich von Tobi wissen.

„Ich?? Niemals! Keine Ahnung, was die wollen.“

Die Autotür öffnete sich, und eine Polizistin stieg aus. Sie kam langsam in unsere Richtung, eine Hand auf der Hüfte – genau da, wo ihre Waffe im Holster steckte. Ich konnte Tobi ansehen, dass er extrem nervös war, während er die Scheibe runterließ. „Allgemeine Verkehrskontrolle“, begrüßte uns die Beamtin barsch. „Können Sie sich vorstellen, warum wir Sie angehalten haben?“

Tobi wurde rot.

„Ähm ... wir? Äh, ich? N-n-nein!“, stammelte er.

„Was ist denn das Problem?“, mischte ich mich ein und lehnte mich zum offenen Fenster auf der Fahrerseite hinüber.

Im selben Moment tauchte ein zweiter Polizist an meiner Seite auf. Nun wurde mir auch ein wenig anders. Warum kontrollierten die uns gemeinsam? Hing der Tote aus dem Kofferraum raus, oder was war das Problem? Im Geiste ging ich unser Sündenregister durch. Hatten wir irgendwas falsch gemacht?

Der Polizist klopfte an meine Scheibe. Mit zitternden Fingern ließ ich sie herunterfahren. Da beugte sich der Beamte nach unten, ein breites Grinsen im Gesicht.

In diesem Moment erkannte ich ihn – und fing laut an zu lachen. Es war Kurt Kellermann, mit dem wir immer dann zu tun hatten, wenn wir Verstorbene von einem Polizeieinsatz abholten, nach einem Suizid, Verkehrsunfall oder Ähnlichem.

Da er eigentlich Kriminalhauptkommissar war, ging ich davon aus, dass er heute einen Kollegen im Streifendienst vertrat. Oder war er auf dem Weg zu einem mysteriösen Todesfall? Dann würde es sicher nicht lange dauern, bis er uns anrief.

Kellermann zwinkerte mir zu, und ich hörte auf zu lachen. Alles klar, er wollte Tobi verarschen. Na, da sagte ich nicht Nein.

Tobi starrte erst mich fassungslos an, dann den Kriminalkommissar. Weil er neu im Team war, kannte er Kellermann noch nicht.

„Haben Sie das Klopfen nicht gehört?“, wollte Kellermann wissen, der Tobis Unwissenheit schamlos ausnutzte.

„Klopfen?!“, rief der, und seine Stimme überschlug sich fast.

„Ja, aus dem Kofferraum.“

Tobi riss den Kopf nach hinten und blickte auf den Sarg, der ruhig und friedlich im hinteren Teil des Wagens stand.

„Da klopft doch gar nichts!“, stellte er irritiert fest.

In diesem Augenblick konnten Kellermann und seine Kollegin nicht mehr an sich halten. Sie prusteten los und hielten sich die Bäuche vor Lachen – genau wie ich, während ich versuchte, unserem Mitarbeiter die Situation zu erklären. Tobis zuerst verdutzter, dann eingeschnappter Gesichtsausdruck war ein Bild für Götter.

„Sorry, Jungs“, meinte Kellermann irgendwann japsend und wischte sich die Tränen aus den Augenwinkeln. „Wir konnten einfach nicht widerstehen.“ Er klopfte aufs Wagendach. „Dann mal gute Fahrt, ihr beiden!“

Es versteht sich von selbst, dass Tobi auf dem restlichen Weg kein Wort mehr mit mir sprach.

WAS NICHT PASST, WIRD PASSEND GEMACHT

Es war ein langweiliger Tag, verregnet, kalt und nass, ein typischer Mittwoch im November. Der Winter war nicht mehr weit, so viel stand fest.

Mein Mitarbeiter Henrik und ich saßen den ganzen Tag in unserem Fürther Büro und warteten auf Arbeit. Die anderen Bestatter, die man vom Friedhof oder von Behördengängen kannte, erzählten, dass sie sich vor Arbeit kaum retten konnten. Wie schön für sie! Und wo waren unsere neuen Fälle?

Nach außen hin immer noch gut gelaunt, legte ich meine Pik sieben ab und verlor mal wieder gegen Henrik beim Kartenspiel.

Auch das noch, ständig zockt der Typ mich ab, dachte ich grimmig.

Meine Stimmung war sowieso nicht die beste, da ich vor einem Jahr diesen teuren Leichenwagen gekauft hatte. Hätte ich doch einen gebrauchten genommen, das wäre auch in Ordnung gewesen. Aber nein, ich hatte einen Neuwagen anschaffen und gleich darauf Henrik einstellen müssen, um das neue Büro besetzen zu können. In Fürth kannte uns noch niemand, wir hatten seit der Eröffnung des Büros exakt drei Bestattungen übernommen. Wenn es so weiterlief, könnte ich dichtmachen.

Während ich mich selbst bemitleidete, riss mich das Klingeln des Telefons aus den Gedanken. Na endlich!

Ich nahm das Gespräch entgegen.

„Hallo? Hier spricht Bestattungsinstitut Dudzinski aus Stettin! Hören Sie mich?“

Das kam nun auch nicht alle Tage vor, dass uns Kollegen aus dem Ausland anriefen.

„Ja, ich kann Sie hören“, bestätigte ich.

„Ich habe Bitte“, sagte der Mann am anderen Ende der Leitung mit starkem polnischen Akzent. „Bei Ihnen in Nähe ist eine Dame in Heim verstorben, die nach Polen soll. Können Sie Sache so weit übernehmen, dass wir Verstorbene nur noch müssen abholen?“

Nun, das war jetzt nicht unbedingt der Auftrag, auf den ich gewartet hatte, aber allemal besser, als herumzusitzen und mit Henrik Karten zu spielen.

„Natürlich, das können wir gern übernehmen“, willigte ich ein.

Dann ließ ich mir von ihm den Namen der Verstorbenen, das Heim und alle weiteren Daten durchgeben.

Als ich das Telefonat beendet hatte, klopfte ich Henrik auf die Schulter.

„Los geht‘s!“

Wir schlossen das Büro ab, hängten einen Zettel an die Tür und gingen nach hinten. Im Lager suchten wir einen Sarg aus, den wir dank der hervorragenden Arbeit des Karosseriebauers rückenschonend in den neuen Luxusleichenwagen bugsieren konnten, dann machten wir uns auf den Weg ins Heim.

Dort angekommen, holten wir den Schlüssel für die Leichenkammer ab und erfuhren, dass wegen einer Baustelle im Keller ein anderer Eingang benutzt werden musste. Kein Problem, wir waren ja flexibel. Doch dass wir in ein so verzweigtes Netz an

Kellergängen und Räumen geraten würden, konnten wir nicht ahnen. Nach gefühlt einer halben Stunde kamen wir endlich in dem kahlen, muffigen Aufbahrungsraum an. Selbst für Tote war es kein besonders schöner Ort.

Schon beim Betreten des Raumes bemerkte ich einen wohlbekannten Geruch, der mir verriet, dass die alte Dame beim Sterben einige Körperflüssigkeiten verloren hatte. Mir machte das nichts aus, denn die Verstorbenen werden bei uns immer gewaschen, bevor wir sie ankleiden und einbetten, doch Henrik sah das offenbar anders.

„Chef, das riecht ja schlimmer als im Schweinestall!", beschwerte er sich.

„Nun hab dich mal nicht so", fuhr ich ihn an.

Ich fand seinen Vergleich unangebracht. Henrik war eigentlich Lkw-Fahrer, hatte aber nicht mehr in seinem Beruf arbeiten wollen, und so war er zu mir gekommen. Das Beerdigungsinstitut war eine neue Chance für ihn, aber bisher hatte er ausschließlich beim Kartenspielen geglänzt. Wie konnte er jetzt schwächeln?

Während ich das Bettlaken der Verstorbenen zurückschlug, hörte ich hinter mir Würgegeräusche.

„Igitt! Ich muss raus!" Henrik ließ unsere Versorgungstasche fallen und rannte den Gang entlang zum Ausgang. Nach drei Minuten kam er, etwas blass um die Nase, zurück. „Sorry, musste kotzen, Chef."

Ach du meine Güte! Wen hatte ich mir denn da ins Boot geholt?

„Reiß dich mal am Riemen! Wir heben sie kurz rüber, die Versorgung bei uns mache ich dann allein."

Das war auch besser so, Henrik musste sich nämlich gleich noch mal übergeben. Fast zwanzig Minuten brauchten wir, um die Verstorbene in den Sarg und durch die labyrinthartigen Gänge des Heims zum Wagen zu befördern.

Zurück im Institut entließ ich meinen angeschlagenen Mitarbeiter in die Mittagspause, während ich die Verstorbene versorgte: desinfizieren, waschen, tamponieren, ankleiden und einbetten. Gelernt ist gelernt, und so lag die alte Dame nach einer halben Stunde friedlich im Sarg. Den platzierte ich sorgsam in unserer Kühlung, sodass er am nächsten Tag von dem polnischen Kollegen abgeholt werden konnte.

Am darauffolgenden Morgen fuhr ein weißer Kleinwagen mit kastenähnlichem Aufbau auf den Hof meines Betriebs.

„Guten Morgen, wollen Sie zu mir?", fragte ich durch das heruntergelassene Fenster.

„Klar, ich soll hier Leiche abholen", rief der Fahrer mir durch Zigarettendunst und Kaffeegeruch entgegen.

Ich riss die Augen auf. Was? Das war der Bestatter aus Stettin?

„In dem Auto willst du den Sarg überführen?", fragte ich ungläubig.

„Klar, machen wir immer mit diese Wagen."

Besagter „Wagen" hatte hinten zwei Flügeltüren ohne Fenster. In die eine der beiden Türen hatte man eine Öffnung geschnitten und mit Kunststoff, Klebeband und anderen Materialien eine räumliche Verlängerung konstruiert. Was zur Hölle sollte das bitte sein?

„Das geht nicht“, sagte ich knapp.

„Doch, doch, das geht!“, versicherte der Kollege und lächelte breit.

„Gut, wenn du meinst“, gab ich mich geschlagen. Mir konnte es ja auch egal sein. „Hoffentlich hält dich so keiner an.“

„Hat schon immer funktioniert“, erwiderte der kleine Kerl grinsend, der inzwischen mit Kaffee und Zigarette in der Hand ausgestiegen war.

Wir schoben den Sarg in den Laderaum. Der Kollege bockte ihn mit einem Holzkeil auf, sodass er diagonal das Heck ausfüllte.

„Und nun?“, wollte ich wissen.

„Klappe zu, Affe tot.“ Mit diesen Worten schlug er beherzt, aber auch routiniert beide Heckklappen zu, und siehe da: Der Sarg passte einwandfrei ins Auto.

Anschließend zahlte der Kollege meine Rechnung in bar, stieg pfeifend in sein Auto und fuhr davon.

Ich blieb fassungslos zurück und lehnte mich an meinen neuen Leichenwagen – äußerst vorsichtig natürlich, schließlich wollte ich ihn nicht zerkratzen. Immerhin war er sehr, sehr teuer gewesen.

Q&A – SCHON GEWUSST?

Müssen Leichenwagen schwarz sein, oder gibt es auch bunte?

Es gibt kein Gesetz, das besagt, dass Leichenwagen schwarz sein müssen, und ein alter VW-Bus in Orange wäre auch mal was. Aber ob das hierzulande so gut ankäme? Unwahrscheinlich. Wir haben uns bewusst für weiße Wagen entschieden, da rund um das Thema Tod fast alles schwarz ist. Für unsere white hearses (englisch: hearse, Leichenwagen) bekommen wir viele Komplimente. Wir wurden schon häufig auf unsere Wagen angesprochen, manchmal sagen die Leute sogar: „Wenn ich sterbe, möchte ich in eurem weißen Leichenwagen gefahren werden!"

Werden Leichenwagen extra gebaut, oder sind das Umbauten?

Leichenwagen sind für Bestatter ein wichtiges Arbeitsgerät und in gewisser Weise auch Statussymbol. Die meisten Kollegen legen großen Wert darauf, den besten, neusten und größten Leichenwagen zu fahren. Es ist fast so wie in dem Sprichwort: „Wie die Nase des Mannes, so sein Johannes!"

Ein Leichenwagen besteht immer aus einem Basisfahrzeug (oftmals von Mercedes, Volvo oder VW), das durch eine Karosseriefirma aufwendig umgebaut wird. Da steckt wirklich viel Handwerkskunst drin, denn für unseren Arbeitsalltag sind viele Besonderheiten von

Nutzen: ein verlängerter Radstand, elektrisch ausfahrbare Ladeflächen, ein LED-Himmel im Laderaum, Urnenschubladen, ein LCD-Bildschirm an der Rückwand, eine Musikanlage im Sargraum und vieles mehr. Man kann hier gut und gerne bis zu 200 000 Euro ausgeben. Selbst einen Tesla-Leichenwagen gibt es inzwischen.

Doch wir haben eine andere Philosophie. Warum sollen wir so viel Geld in ein Fahrzeug stecken, wenn wir es viel sinnvoller für die Hinterbliebenen einsetzen können? Natürlich sollte ein Bestattungswagen ordentlich und würdevoll aussehen, schließlich repräsentiert er zum einen die Firma und dient zum anderen dem Verstorbenen als Taxi für die letzte Reise. Doch muss dieses Taxi unbedingt 200 Riesen kosten? Das glauben wir nicht. Außerdem gibt es schöne und stilvolle alte Leichenwagen: zum Beispiel einen Mercedes-Benz W123 oder einen Mercedes-Benz /8. Wir besitzen beide Modelle und haben unsere Flotte noch um einen VW T5 ergänzt.

Braucht man eine bestimmte Erlaubnis oder Zulassung, um Särge zu transportieren?

Schauen wir doch mal, was das Gesetz dazu sagt.

§ 13 BESTATTUNGSFAHRZEUG

(1) Leichen dürfen im Straßenverkehr nur mit Fahrzeugen befördert werden, deren Aufbauten zur Leichenbeförderung eingerichtet sind und ausschließlich für diesen Zweck verwendet werden. Je Fahrzeug dürfen höchstens vier Verstorbene zur gleichen Zeit befördert werden. Die Gemeinde kann für den Einzelfall Ausnahmen zulassen, wenn eine

würdige Beförderung gesichert ist und gesundheitliche Gefahren nicht zu befürchten sind.

(2) Die Aufbauten müssen folgenden Anforderungen entsprechen:

1. sie müssen eine würdige Beförderung gewährleisten,
2. sie müssen umschlossen und durch eine fest eingebaute und geschlossene Wand vom Fahrerraum getrennt sein,
3. ihr Boden muss gegen das Durchdringen von Flüssigkeiten abgedichtet sein,
4. sie müssen leicht wasch- und desinfizierbar sein,
5. der Sarg muss so befestigt werden können, dass er sich während der Fahrt nicht verschieben kann.

Man darf einen toten Menschen also nicht einfach mit seinem Kleintransporter auf den Friedhof chauffieren. Es ist auch nicht erlaubt, die verstorbene Oma im Teppich eingerollt auf den Dachträger zu spannen. Das könnte für Ärger sorgen.

Darf man mit dem Leichenwagen zum Einkaufen fahren?

Klar darf man das, doch ob das bei den Leuten gut ankommt? Wir wurden tatsächlich schon einmal darauf angesprochen, dass man uns mit dem Leichenwagen beim Bäcker gesehen hat. Sogar mit Kaffee in der Hand! Eine Unverschämtheit …

Was viele anscheinend manchmal vergessen: Bestatter sind ganz normale Menschen. Und, ja, wir trinken auch mal während der Arbeit einen Kaffee.

Doch es gibt Dinge, die man mit dem Leichenwagen wirklich unterlassen sollte. So hat unsere Aushilfe Tobi vor einigen Jahren in der Stadt für großes Aufsehen gesorgt. An jenem Tag war wenig los, also gaben wir ihm den Auftrag, unsere beiden Überführungssärge zu reinigen. Dass er eine halbe Stunde später mit unserem Oldtimer und den zwei Särgen in der Autowaschanlage stehen und sie mit dem Hochdruckreiniger ausspritzen würde, konnten wir nun wirklich nicht ahnen!

Woher bekomme ich einen ausrangierten Leichenwagen?

Entweder von Bestattungsinstituten selbst – oder von Privatpersonen. Wir können uns noch gut daran erinnern, dass uns Tobi einmal begeistert von einem Leichenwagen erzählte, der von einem Auto-Tuner auf Rennstrecken eingesetzt worden war.

„Was für eine geile Karre! Die müssen wir kaufen", lag er uns in den Ohren.

Wir waren von seiner Idee wenig angetan. Ausrangierte Leichenwagen werden schnell für eher unseriöse Zwecke eingesetzt: Camping, Gothic-Partys etc. Dass das Exemplar, das es Tobi so angetan hatte, ein Rennauto war, fanden wir, gelinde gesagt, schwierig. Immerhin hatten wir einen Ruf zu verlieren! Aber Tobi ließ nicht locker, und so dachten wir irgendwann: Es kann ja nichts schaden, wenn wir uns das Ding einmal anschauen.

Also setzten wir uns ins Auto und fuhren einmal quer durch die Republik. Eine Tagesreise später bekamen wir ihn dann zu Gesicht, einen 123er-Mercedes, ordentlich hergerichtet, innen etwas aufgemotzt, Riffelblech und LED-Spots im Ladebereich, Subwoofer und Aschenbecher in der Fahrgastzelle. Wir verliebten uns beide umgehend in den Wagen, obgleich noch viel Arbeit vor uns lag.

Doch Tobi war guter Dinge. Sein Vater war ein passionierter Hobbyschrauber und Allroundtalent, was Autos und Sonderkonstruktionen anging. Das machte uns Mut.

Wir wurden uns mit dem Verkäufer einig und fuhren mit zwei Autos zurück ins Institut: Tobi mit dem Privatwagen, wir mit dem Leichenwagen, den wir liebevoll „Oldie“ nannten. Oldie wurde von Tobis Vater aufwendig in seinen Urzustand rückgebaut. Wir stießen auf unzählige Roststellen, die wir beim Kauf nicht gesehen hatten, und einige weitere Probleme. Das Fass, das wir damit aufmachten (oder eher: die Büchse der Pandora), war so groß, dass nur noch eine komplette Restauration inklusive neuer Lackierung den Wagen retten konnten.

Doch nun war das Kind sowieso schon in den Brunnen gefallen. Wir vernichteten zwar eine Menge Geld mit dem Wagen, aber er war es wert: Bis heute lieben wir ihn über alles.

KÜHLHAUS

EINE UMWERFENDE ERFAHRUNG

Ich bin es gewohnt, dass mir Menschen – insbesondere junge Leute – lustige, merkwürdige und manchmal auch seltsame Fragen rund um das Thema Bestattungen stellen. Irgendwann fing ich an, die Fragen in kurzen Videoclips zu beantworten, die ich anschließend auf TikTok hochlud – immerhin scheint es ein großes Interesse an dem Unternehmen meiner Familie zu geben. Mittlerweile haben wir mehr als 700 000 Follower, und unsere Videos wurden millionenfach gelikt.

CEM

Hast du schon mal einen Toten gesehen?

LUIS

Klar, was denkst du denn?

CEM

Krass! Und wie ist das so?

Weil ich den Eindruck hatte, dass sich mein Kumpel Cem nicht aus reiner Sensationslust, sondern aus echtem Interesse mit mir austauschte, schrieb ich ihm:

LUIS

Willst du mal mitkommen ins Bestattungsinstitut? Dann zeige ich dir alles in Ruhe.

CEM

LUIS

Ist das ein Ja?

CEM

Ja, Bro! Safe! Das interessiert mich sehr!

Nur wenige Tage später trafen wir uns im Bestattungsinstitut. Es war der letzte Freitag im Juni, ein völlig verregneter Tag, an dem der Schwimmbadbesuch sowieso buchstäblich ins Wasser fiel.

„Danke noch mal, dass du mich eingeladen hast“, sagte Cem, während wir durch die Sarg-Ausstellung liefen.

„Kein Ding. Mach ich gern.“ Ich lotste ihn durchs Gebäude. „Und hier ist der Raum, in dem wir die Verstorbenen waschen.“

Cem nickte. „Den kenne ich aus deinen TikToks.“

„Stimmt, hier filme ich meistens“, bestätigte ich.

Auf einmal drehte Cem sich um und zeigte auf eine weiße Tür.

„Sind da die toten Menschen drin?“, wollte er wissen.

„Genau. Das ist die Kühlung.“

Er blickte mich aus großen Augen an. „Darf ich mal einen sehen?“

Ich überlegte kurz. Warum nicht? Wir hatten öfter Praktikanten im Institut, die packten auch mit an und durften alles sehen.

„Bist du dir sicher, dass du das schaffst?“, fragte ich dennoch.

Cem wirkte überzeugt. „Logo, ich will es sehen.“

„Okay.“ Ich öffnete die Tür. Als ich einen Sarg herausschob, bemerkte ich, dass Cem unruhig wurde. Ich erklärte ihm besänftigend: „In diesem Sarg liegt eine ältere Dame. Sie wurde von uns bereits versorgt und sieht aus, als würde sie schlafen.“

Ich wollte ihm bewusst eine Verstorbene zeigen, die friedlich aussah, denn vor der Versorgung kann das ein ganz anderes, manchmal auch unschönes Bild sein.

„Bist du bereit?“, vergewisserte ich mich.

Cem nickte wieder. Also öffnete ich das Sargoberteil. Gebannt schaute er ins Innere.

„Alles gut?“, fragte ich, da er keinen Mucks mehr machte.

„So sieht also ein toter Mensch aus“, sagte er leise. Seine Stimme klang belegt. „Krass.“

„Ja“, erwiderte ich. „Beziehungsweise, so sieht ein toter Mensch aus, nachdem er von uns versorgt wurde.“

„Kann ich jemanden sehen, der noch nicht versorgt wurde?“ Cem wirkte gleichzeitig nervös und neugierig.

Ich zuckte mit den Achseln. „Wenn du dir sicher bist, dass du das wirklich willst ...“

„Klar!“, beeilte sich Cem zu versichern. Also schön, wenn er darauf bestand ... Ich schob die Dame zurück in die Kühlung und zog den Sarg eines älteren Herrn heraus, der gerade erst aus dem Krankenhaus abgeholt worden war. Bevor ich Cem den Verstorbenen zeigte, schaute ich ins Innere, um die Situation einzuschätzen. Ich wollte Cem ja nicht erschrecken oder gar schockieren. Doch der Tote sah in Ordnung aus.

„Okay, Cem. In diesem Sarg liegt ein älterer Herr“, bereitete ich ihn erneut vor. „Sein Mund steht offen, und an seinem Hals ist ein bisschen Blut. Ah, ich sehe gerade, er hat noch einen Zugang aus dem Krankenhaus, deswegen das Blut. Ist dir klar, dass der Tote anders aussieht als die Frau gerade?“

„Ja. Bin bereit.“ Cem wirkte schon unsicherer als vorhin, wollte aber offenbar dennoch keinen Rückzieher machen.

„Na gut“, erwiderte ich und öffnete den Sarg.

Cem schwieg. Lange. Als er die Stimme wieder erhob, klang sie anders als vorher.

„Du hast recht, das sieht anders aus“, pflichtete er mir bei. „Und es riecht auch anders.“

Mir fiel auf, dass er plötzlich ganz bleich im Gesicht war.

„Alles okay?“, fragte ich besorgt.

„Ja, ja, geht schon", erwiderte Cem hastig.

Ich beschloss, die kleine Führung zu beenden. Als ich den Sarg gerade wegschieben wollte, registrierte ich, dass etwas nicht stimmte. Ich warf einen Blick über die Schulter, um nach meinem Freund zu sehen, und erschrak.

Cem schielte mich komisch an.

„Oh ... das war zu ... mir ist schwindelig ...", stammelte er. „Ich brauche Hilf..." Weiter kam er nicht, denn in dieser Sekunde kippte er zur Seite. Mit einem Satz war ich bei ihm und versuchte, ihn aufzufangen, doch ich kam zu spät. Cem krachte mit einem lauten Schlag gegen das Regal, das hinter ihm stand. Im letzten Moment konnte ich meine Hand zwischen seinen Kopf und die Regalecke schieben und so zumindest Schlimmeres verhindern.

Mit klopfendem Herzen blickte ich auf meinen ohnmächtigen Kumpel hinunter. Okay. Was jetzt? Ah ja, Wasser!

Ich sprang auf und holte ein Glas Wasser. Als ich es ihm gerade ins Gesicht schütten wollte, wachte Cem von allein wieder auf.

„Was ist passiert?", murmelte er benommen.

„Ach, nichts, Alter", sagte ich und schlug ihm auf die Schulter. „Du hast nur einen kleinen Powernap gemacht. Geht's wieder?"

Cem richtete sich auf und strich sich übers Gesicht.

„Willst du auch noch die Leichenwagen sehen?", fragte ich ihn.

Cem riss die Augen auf und sah nun genauso aus wie das Emoji, das er mir vor ein paar Tagen geschickt hatte.

„Nee, lass mal. Ich glaub, ich hatte genug für heute."

Q&A – SCHON GEWUSST?

Haben Bestatter ein eigenes Kühlhaus?

Wir haben eigene Abschiedsräume, eine Feierhalle und natürlich auch eine Kühlung. Allerdings hat das nicht jeder Bestatter. Viele Kollegen bringen die Verstorbenen in den Kühlraum auf dem Friedhof. Für uns ist es aber wichtig, eine eigene Kühlung zu haben, da wir jeden Verstorbenen in unseren Räumlichkeiten versorgen und einbetten. Oft passiert das erst am Tag, nachdem die Leichname bei uns eingetroffen sind, sodass sie bis dahin gekühlt werden müssen. Außerdem gibt es uns ein gutes Gefühl, die Verstorbenen immer im Institut zu haben. In gewisser Weise tragen wir schließlich die Verantwortung für sie.

Auf welche Temperatur ist eure Kühlkammer eingestellt?

In unserer Kühlung herrschen frostige fünf Grad. Das entspricht in etwa der Temperatur des Kühlschrankfachs, in dem Joghurt, Milch und Käse gelagert werden.

Wie lange können Verstorbene so aufbewahrt werden?

In Bayern muss ein Leichnam innerhalb von acht Tagen bestattet sein. Sonn- und Feiertage zählen dabei nicht mit. Ein Verstorbener kann also bis zu zehn Tagen in unserer Kühlung bleiben. Da wir jeden Toten vor der Einbettung hygienisch versorgen, ist sichergestellt, dass er in einem ansehnlichen Zustand bleibt. Das ist wichtig, da die Familie die Möglichkeit haben sollte, sich am offenen Sarg zu verabschieden. Auch nach einer Woche.

Was macht man bei einem Stromausfall?

Bei einem Stromausfall? Kurz in Panik ausbrechen. Die Verstorbenen müssen bis zum Zeitpunkt der Beerdigung oder der Einäscherung gekühlt werden, bei Stromausfall geht das logischerweise nicht. Zum Glück kam das bei uns noch nie vor. Kämen wir dennoch in diese Lage, würden wir auf den Friedhof ausweichen, dort gibt es auch eine Kühlung. Und wenn dort ebenfalls der Strom ausfiele … dann käme wieder das mit der Panik.

Seid ihr euch wirklich sicher, dass noch nie ein Mensch in eurem Kühlhaus lag, der noch lebte?

Absolut und einhundertprozentig: ja. Allerdings wäre es auch kein Problem, wenn der Arzt mit seiner Diagnose danebengelegen hätte. Unser Kühlhaus verfügt nämlich über eine Notöffnung von innen: für den unwahrscheinlichen Fall, dass jemand doch nicht tot ist, und für uns, wenn die Tür einmal hinter uns zufällt.

Lagert ihr manchmal heimlich Bier im Kühlhaus?

Von den Temperaturen her würde es auf jeden Fall funktionieren: fünf Grad, perfekt für ein Feierabendbier. Groß genug wäre die Kammer auch. Aber nein, natürlich machen wir das nicht. Zum einen ist das aus hygienischen Gründen verboten. Zum anderen ist es eine moralische Grundsatzentscheidung, denn in der Kühlung werden tote Menschen aufbewahrt. Da stellt man nicht einfach seinen Kasten Bier ab. Und nein, auch kein Grillfleisch.

BEI UNS LIEGEN SIE RICHTIG

Als Bestatter haben wir nicht nur mit Särgen, Kühlräumen und Leichenwägen zu tun, sondern vor allem mit Menschen. Unsere Aufgabe ist es, in einem Todesfall alle Beteiligten optimal zu versorgen – die Lebenden wie die Toten.

VERSTORBENE

DER LETZTE ATEMZUG

„Guten Tag. Wir sind vom Bestattungsinstitut. Unser Beileid." Ich deutete eine kleine Verbeugung an und betrat die Wohnung durch die offen stehende Tür.

Die Tochter des Verstorbenen, eine Frau in den Fünfzigern, hatte gerötete Augen und wirkte, als sei sie vollkommen fertig mit den Nerven.

„Im Schlafzimmer", sagte sie mit erstickter Stimme und wies uns mit einer Geste den Weg.

Hinter mir räusperte sich unsere Auszubildende. Offenbar war sie nervös – kein Wunder. Sandra war erst seit ein paar Tagen bei uns, und das hier war ihre erste Abholung. Tote Menschen hatte sie im Institut bereits gesehen, damit kam sie gut klar für eine Neunzehnjährige. Auch bei einigen Angehörigengesprächen war sie schon dabei gewesen und hatte sich wacker geschlagen. Aber an den Ort zu kommen, wo ein Mensch gerade erst verstorben ist – nun, das ist eben noch einmal etwas anderes.

Wir folgten der Tochter des Toten ins Schlafzimmer. Es war ein großer Raum mit einem Doppelbett in der Mitte, über dem der gekreuzigte Jesus hing. Die linke Seite war frisch bezogen, wirkte aber unberührt.

„Hier hat meine Mutter geschlafen, bevor sie vor vier Jahren von uns ging“, erklärte die Tochter, ohne dass wir hätten fragen müssen. „Und daneben …“

Sie verstummte und hielt sich die Hand vor den Mund. Ich sah, dass ihr Tränen aus den Augenwinkeln flossen.

Mein Blick wanderte zu dem Toten, einem Mann zwischen siebzig und achtzig. Er trug einen ordentlichen Schlafanzug und hatte die Hände wie zum Gebet über der Bettdecke gefaltet, die bis zur Brust hochgezogen war. Wenn sein Mund durch die Totenstarre nicht so weit aufgestanden hätte, hätte man ihn für einen Schlafenden halten können.

Ich hörte, wie Sandra hinter mir tief Luft holte.

„Der Hausarzt hat die Leichenschau gemacht?“, fragte ich die Tochter, auch um meiner Auszubildenden indirekt zu signalisieren, dass hier alles mit rechten Dingen zuging. Der Mann war im hohen Alter friedlich im Schlaf verstorben – eigentlich so, wie man es sich wünschte.

„Ja, gestern Abend.“ Die Tochter des Toten nickte. „Vermutlich Hirnschlag. Es ging offenbar sehr schnell.“

Einen Augenblick hielt ich aus Respekt vor dem Verstorbenen inne, dann gab ich Sandra ein Zeichen.

„Hol bitte mal die Bahre und unsere Versorgungstasche, steht beides im Hausflur“, teilte ich ihr mit.

Kaum dass Sandra wieder da war, schlug ich die Bettdecke zurück und positionierte die Bahre so, dass sie sich direkt neben dem Bett befand.

„Ich hebe ihn am Oberkörper an, du an den Beinen."

Sandra stellte sich ans Fußende des Bettes und umfasste die nackten Knöchel des Verstorbenen. Ich machte mich am Kopfende bereit.

„Auf drei", wies ich sie an. „Eins, zwei, drei ..."

Ich hob den Oberkörper des Toten an, um ihn auf die Bahre zu hieven. In diesem Moment machte der Mann ein Geräusch. Es war so laut, dass die Tochter des Verstorbenen und die Auszubildende gleichzeitig spitze Schreie von sich gaben. Sandra ließ vor Schreck die Beine des Mannes los, die Tochter machte einen Schritt zurück und prallte so heftig mit dem Rücken gegen den Schrank, dass es schepperte.

„Er lebt!", schrie sie und schlug sich die Hände vor den Mund.

Ich ließ den Oberkörper zurück auf die Matratze sinken und hob beschwichtigend die Arme.

„Nein, bedaure, das tut er nicht."

„Aber er hat geatmet!", rief die Frau entsetzt.

„Ich befürchte, das hat er nicht", erwiderte ich ruhig und setzte dann zu einer Erklärung an. „Manchmal dringt beim Anheben des Körpers durch den geöffneten Mund Luft über die Stimmbänder in die Lunge. Da die Muskeln nicht mehr aktiv sind, erzeugt das ein merkwürdiges Geräusch, das wie ein Einatmen klingt. Ich versichere Ihnen, Ihr Vater lebt nicht mehr."

„Das glaube ich Ihnen nicht." Die Frau war in Tränen aufgelöst.

Ich legte die Finger an seine Halsschlagader. Wie erwartet war dort nichts zu ertasten. Die Haut des Verstorbenen fühlte sich außerdem schon wächsern und eiskalt an.

„Es tut mir wirklich leid“, versicherte ich noch einmal.

„Sind Sie sicher?“ Die Stimme der Tochter zitterte. „Soll ich nicht lieber doch noch mal den Arzt rufen?“

Ich seufzte. „Das können Sie natürlich tun, wenn es Ihnen damit besser geht. Aber der Arzt wird nichts anderes sagen als ich.“

Sie ließ sich trotzdem nicht beirren. Zwei Stunden später erschien der ziemlich entnervte Doktor und stellte – ein weiteres Mal – den bedauerlichen Tod des Mannes fest. Die Tochter war untröstlich, aber wir konnten den armen Verstorbenen endlich auf seine letzte Reise mitnehmen.

DER TOTE IM TEPPICH

Kellermann wirkte irgendwie schadenfroh, als er mir die Details am Telefon mitteilte: „Dritter Stock, enges Treppenhaus, mindestens 220 Kilo. Bring noch einen dritten, am besten sogar einen vierten Mann mit, Bauer! Und nicht so ein Hemd wie sonst immer."

Spitze, das hörte sich ja gut an. Wir hatten schon viele schwere Leichname transportiert, aber mit 220 Kilo waren wir tatsächlich überfordert. Die einzige Hoffnung bestand darin, dass Kellermann mal wieder maßlos übertrieb, doch mein Bauchgefühl sagte etwas anderes. Und so fuhren wir mit vier Mann in zwei Autos los. Im Handgepäck hatten wir Gurte, mit denen sich besonders schwere Verstorbene leichter tragen lassen, und einen XXL-Sarg.

Der Kriminalkommissar erwartete uns bereits vor dem Haus. „Während ich auf euch gewartet habe, hatte ich eine gute Idee: Ich kenne einen Gerichtsmediziner, der könnte ihn zweiteilen."

Mir fiel die Kinnlade herunter. Das hatte er nicht wirklich gesagt, oder?

„Das können Sie nicht machen, Kellermann!", ächzte ich. „Das ist Leichenschändung."

„Ach was, das erfordern die Umstände. Stellen Sie sich nicht so an."

Als ich seinen überzeugten Gesichtsausdruck sah, wurde mir klar, dass er keinen Witz machte. Er fand die Idee tatsächlich so gut, dass er kaum davon abzubringen war.

„Lassen Sie uns erst mal hochgehen, um die Situation einzuschätzen", wiegelte ich ab. Bevor wir anfingen, Verstorbene in transportable Häppchen zu zerteilen, musste eine Menge passieren. „Sicher ist er gar nicht so schwer, wie Sie denken."

„Viel Erfolg!", rief er uns glucksend hinterher, als wir das Treppenhaus betraten und die Stufen nach oben stiegen.

In der Wohnung sah es erbärmlich aus. Überall lagen leere Pizzakartons und Essensreste herum, es stank zum Himmel. Auf dem Sofa lag ein Haufen Decken, der das komplette Möbelstück unter sich verbarg. Erst auf den zweiten Blick bemerkte ich, dass es kein Deckenhaufen, sondern der Verstorbene selbst war. So etwas hatte ich noch nicht gesehen. Der Tote füllte die komplette Couch aus und wog mindestens 220 Kilo – eher mehr!

Ich erkannte sofort, dass wir machtlos waren. Egal ob mit vier oder sechs Mann, selbst mit XXL-Sarg und extragroßem Auto: Der Tote war einfach zu schwer, vor allem aber zu voluminös, als dass wir ihn irgendwie hätten tragen können.

Als wir wieder unten ankamen, erwartete uns der grinsende Kellermann.

„Hab ich's doch gewusst", triumphierte er. „Kein Job für euch halbe Portionen. Das nächste Mal vorher in die Muckibude gehen, dann sollte so etwas kein Problem sein." Ich wollte gerade zu einer entrüsteten Entgegnung ansetzen, da hob er beschwichtigend die Hände. „Spaß beiseite. Ich habe bereits beim THW einen Lastwagen mit Kran geordert und ein Team starker Jungs bei der Feuerwehr bestellt. Müssten gleich da sein."

Über Kellermann konnte man viel meckern. Sein Humor war zuweilen fragwürdig und seine Sprüche hart an der Grenze zur Unhöflichkeit, aber lösungsorientiert war er immer.

Wir hatten kaum Zeit, uns vor dem Haus die Füße zu vertreten, als auch schon THW und Feuerwehr angerückt kamen. Gemeinsam mit dem Einsatztrupp gingen wir wieder nach oben, um ebenfalls mitanzupacken, falls notwendig.

Die Männer checkten kurz die Lage und entwickelten dann einen pragmatischen, wenn auch wenig pietätvollen Plan: Drei Leute kippten das Sofa nach vorn, sodass der Verstorbene auf den Boden rollte, wo ein alter Perserteppich lag. Weitere drei Männer rollten ihn in den Teppich ein, dann schleiften sie ihn zu sechst durchs Treppenhaus nach unten bis neben den Lastwagen. Der Kranführer legte Lastenseile um den Teppich und hob ihn – samt Inhalt – auf die Ladefläche. So verfrachteten sie den armen Kerl auf den Fürther Friedhof, und wir waren in diesem Fall nur Zuschauer.

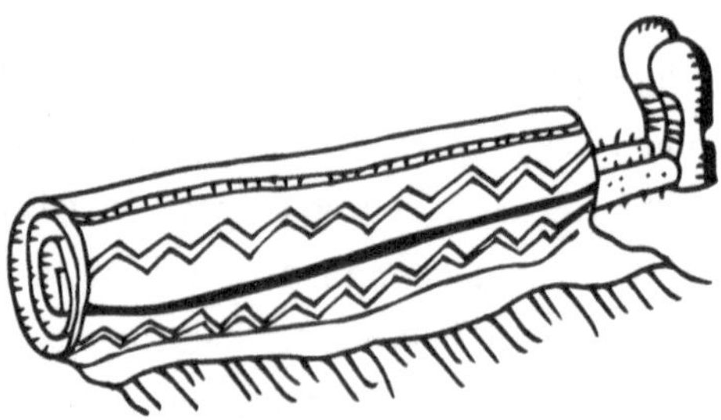

Q&A – SCHON GEWUSST?

Ist es nicht gruselig, den ganzen Tag von Toten umgeben zu sein?

Für viele wäre es sicher der Horror, für uns als Bestatter ist es aber völlig normal. Es gehört einfach dazu, außerdem gewöhnt man sich sehr schnell an das, was man sieht und tut. Jeder Mensch hat eine individuelle Ekel- oder auch Angstgrenze. Wenn man in unserem Bereich arbeitet, kann man diese Grenze behutsam nach hinten verschieben. Darauf legen wir in unserer Firma Wert, gerade auch bei neuen Teammitgliedern: Niemanden überfordern, sondern nach und nach an das gewöhnen, was man noch nicht kennt.

Können tote Menschen schwitzen?

Nein. Da der Organismus zum Erliegen gekommen ist, kann auch kein Schweiß mehr produziert werden. Es kann jedoch vorkommen, dass noch vorhandene Flüssigkeiten aus Körperöffnungen auslaufen, deshalb verschließen wir diese mit Fadenwatte. In den Rachen geben wir den Verstorbenen außerdem kleine Päckchen mit flüssigkeitsbindendem Pulver, die sogenannten Drymops. Und die haben richtig was drauf: Zwei von diesen kleinen Päckchen saugen ein ganzes Glas Wasser auf.

Wie sehen Verstorbene aus? Was ist anders als bei Lebenden?

Nach dem Tod fängt der Körper an, sich zu verändern. Das Herz schlägt nicht mehr, und somit wird auch kein Blut mehr in den Organismus gepumpt. Stattdessen sinkt die Flüssigkeit nach unten.

So entsteht die sogenannte Leichenblässe. Der Verstorbene erblasst, und dort, wo der Körper aufliegt, bilden sich Leichenflecken. Die Augen fallen oft ein, und die Fingerspitzen vertrocknen leicht. Man sieht dem Menschen an: Da ist kein Leben mehr.

Stimmt es, dass Fingernägel und Haare nach dem Tod weiterwachsen?

Nein. Es wirkt vielleicht so, weil der restliche Körper Feuchtigkeit und Volumen verliert, doch tatsächlich findet nach dem Eintritt des Todes kein Zellwachstum mehr statt.

Wie riecht der Tod?

Der Tod hat einen ganz eigenen Geruch, an den man sich erst einmal gewöhnen muss. Er ist nicht besonders wohlriechend, eher im Gegenteil, schal, manchmal beißend, fast schon in eine süßliche Richtung – allerdings nicht auf die gute Art. Wenn man in der Kühlung ist, kann man diesen Geruch deutlich wahrnehmen. Im Versorgungsraum dagegen riecht es eher klinisch und sauber.

Können tote Männer noch eine Erektion bekommen?

Es klingt vielleicht seltsam, aber tatsächlich ist das möglich – wenn auch nicht so wie im lebendigen Zustand. Wenn beispielsweise ein Mann hängend stirbt, mit dem Kopf nach unten, kann es durch den Blutstau zu einer sogenannten postmortalen Erektion kommen. Das geschieht aber sehr selten.

Was ist die Leichenstarre?

Die Leichenstarre tritt etwa zwei bis vier Stunden nach dem Tod ein. Weil das Molekül ATP nicht mehr gebildet wird, werden Muskulatur und Gelenke steif und können nicht mehr gut bewegt werden. Allerdings kann man die Leichenstarre ausmassieren – oder einfach 24 Stunden warten, dann hört sie oft von selbst auf.

ANGEHÖRIGE

DIE MUMIE IM KLINIKUM

In Fürth gibt es ein Klinikum mit eigener Pathologie. Dort werden alle Verstorbenen bis zur Abholung gelagert. Es ist tatsächlich wie im Fernsehen: ein großer gefliester Raum voller Edelstahltische, die Wand ist gesäumt von Metalltüren, hinter denen sich Kühlboxen verbergen. Man könnte fast sagen, dass Fürth Leichen im Keller hat.

Doch dieser eine Leichnam, den wir am Montagmorgen holen mussten, lag noch tiefer in den Katakomben des Klinikums. Und er war nicht gekühlt.

„Kellermann hier! Wir brauchen einen Notsarg."

Dieser Satz verfolgte mich inzwischen schon in meine Träume, aus denen mich der Kriminalkommissar nicht nur einmal gerissen hatte.

„Kellermann, Ihnen auch einen schönen guten Tag. Wohin sollen wir kommen?"

„Klinikum Fürth", raunte Kellermann.

„Ah, in der Pathologie?"

„Nein, einen Stock tiefer. Und der Tote liegt da schon lange."

Mehr erfuhr ich nicht, denn der Kriminalkommissar hatte bereits aufgelegt. Typisch. Also ließen wir uns überraschen und fuhren ins Klinikum.

Kellermann erwartete uns bereits. „Ein Obdachloser hat sich

im Heizungskeller häuslich eingerichtet. Dort verlaufen die Rohre mit dem Warmwasser. "

Irre! Was es alles gab. Wieder einmal staunte ich. Als Bestatter war man wirklich immer ganz nah dran am Leben.

„Todeszeitpunkt etwa vor drei Monaten", erklärte er weiter.

Ach du liebe Zeit! Das kam selten vor, dass ein Toter so lange unentdeckt blieb.

„Freut euch. Diesmal müsst ihr nicht so schwer tragen wie bei der 220-Kilo-Leiche. Durch die warme Luft sind nur noch Haut und Knochen übrig."

Spannend, so etwas hatten wir noch nie gehabt. Und auch ein bisschen aufregend. Immerhin sah ein Leichnam nach drei Monaten deutlich anders aus als nach drei Stunden.

Wir fuhren mit dem Überführungssarg in den Heizungskeller und folgten dem Kriminalkommissar. In einer Nische in der Mauer fanden wir das Matratzenlager.

„Seltsam, ich hatte mit mehr Geruch gerechnet", meinte ich erstaunt und schnupperte. Es roch kaum nach Verwesung, höchstens ein bisschen muffig, wie in vielen Kellern.

„Wie gesagt, da ist nicht mehr viel übrig, was stinken könnte."

Vorsichtig betraten wir den kleinen Raum und entdeckten die Mumie des Obdachlosen auf der Matratze. Er war inmitten seines improvisierten Wohnzimmers verstorben. An der Seite standen ein paar alte Bücher, Kerzenstummel zierten einen Vorsprung aus Beton. Offenbar hatte er hier unten wirklich eine Weile gelebt.

Solche Momente stimmten mich immer traurig und machten mich nachdenklich. Warum war er obdachlos gewesen? Wie lange hatte er hier gelebt? Hatte er Kinder oder Familie?

„Nicht träumen, Bauer!“, riss mich Kellermanns dröhnende Stimme aus meinen Gedanken. „Schafft ihn mal raus hier.“

Wir erledigten unseren Job, fuhren mit dem Aufzug nach oben und luden den Sarg in unser Auto ein.

„Hatte der Tote Angehörige?“, wollte ich von Kellermann wissen.

„Nein.“ Der Kriminalkommissar zögerte. „Wer ist in einem solchen Fall eigentlich zuständig?“

Ich war erstaunt. Normalerweise interessierte sich Kellermann nicht dafür, was nach der Abholung mit den Verstorbenen geschah.

„Das Ordnungsamt kümmert sich um alles. Die prüfen, ob wirklich niemand mehr da ist. Dann geben sie eine günstige Bestattung in Auftrag, meistens Feuer mit anonymer Urnenbeisetzung“, erklärte ich.

„Der arme Tropf“, erwiderte Kellermann nachdenklich. „Dann nehmt ihn mal mit auf seine letzte Reise, und bettet ihn weich.“

Mit diesen Worten entließ uns der Kriminalkommissar, der zum ersten Mal in unserer langjährigen Zusammenarbeit ein wenig Herz zeigte. War wohl doch nicht so ein harter Hund, unser Kellermann.

Ich setzte mich hinters Steuer unseres alten Mercedes und machte mich auf den Weg, um dem Verstorbenen die letzte Ehre zu erweisen.

WENN ZWEI SICH STREITEN

Die Klingel über der Eingangstür zum Beerdigungsinstitut bimmelte. Ich begrüßte einen jungen Mann, der ein wenig aufgelöst wirkte.

„Wie kann ich Ihnen helfen?"

„Ja, also, mein Vater ist gestorben."

Ich sah den Mann an und wartete ab. Dass er nicht zu uns gekommen war, um das Aufgebot zu bestellen, hatte ich mir fast gedacht.

„Ich wünsche eine Einäscherung", erklärte er weiter. „Ohne Feier. Die Urne soll in der Ostsee beigesetzt werden."

„Kein Problem, darum können wir uns kümmern. Wir arbeiten mit einigen Reedereien zusammen, die den Teil mit der Seebestattung übernehmen", sagte ich und zögerte kurz. „Sie sagten, Sie wünschen keine Feier. Gibt es außer Ihnen niemanden, der sich von Ihrem Vater verabschieden will?"

Der junge Mann schüttelte den Kopf. „Nein, da besteht kein Kontakt."

Ich führte ihn in einen Besprechungsraum und nahm die Personalien des Verstorbenen auf, außerdem erklärte ich den Ablauf der Einäscherung sowie die Überführung der Urne an die See. Nach zwanzig Minuten war die Sache erledigt – zumindest scheinbar.

Am kommenden Tag betrat nämlich eine elegant gekleidete Mittvierzigerin unsere Räumlichkeiten. Sie hatte einen Trauerfall zu beklagen: Ihr Vater war gestorben.

Henrik begann die Besprechung mit ihr. Als er die Daten ins System eingab, stellte er fest, dass wir den Auftrag bereits im Computer erfasst hatten. Überrascht teilte er das der Trauernden mit, die sofort die Fassung verlor und zu einer wüsten Schimpftirade ansetzte.

„Das ist ja die Höhe! Was hat mein Bruder da zu melden?"

Das Geschrei war so laut, dass ich die Versorgung, an der ich gerade arbeitete, unterbrach und versuchte, die Dame zu beruhigen. Das war allerdings nicht so einfach, denn sie war wirklich aufgebracht.

„Was hat er gesagt?", fuhr sie mich an.

„Wer?"

„Na, mein Bruder!"

„Dass er Ihren Vater einäschern und anschließend auf See bestatten lassen will." Dass das Ganze ohne Feier oder Angehörige stattfinden sollte, verschwieg ich lieber erst mal.

„Eine Feuerbestattung?" Jetzt fuhr die Dame endgültig aus der Haut. „Nie im Leben, Vati wollte immer erdbestattet werden."

Da hatten wir den Salat: ein Toter und zwei Bestattungswillige (und im Übrigen auch -pflichtige).

Wir beschlossen, uns mit den Geschwistern an einen Tisch zu setzen. Einen weiteren Tag später waren wir im Büro versammelt und versuchten, die Angelegenheit zu klären. Aber das war in diesem Fall unmöglich.

„Wie kannst du es wagen, über Vatis Kopf hinweg zu entscheiden, dass er auf See bestattet werden soll!", brüllte die Frau wenig ladylike ihren Bruder an. „Du hast dich die letzten Jahre doch einen Scheiß um ihn gekümmert! Was weißt du schon von ihm!"

„Ich?", fuhr der Bruder hoch. „Ich war der Einzige, der ihn wirklich gekannt hat!"

„Pah! Du willst sein Geld, nur darum geht es dir. Warum sonst solltest du auf eine Feier verzichten wollen? Du Erbschleicher!"

So ging das eine Weile hin und her. Henrik und ich saßen daneben und versuchten zu vermitteln. Genauso gut hätten wir auch eine Partie Rommé spielen können. Niemand hörte auf uns.

Natürlich war mir klar, dass in einem Trauerfall auch mal die Fetzen fliegen konnten. Schließlich war es eine emotional aufgeladene Situation, und die Familienmitglieder waren sich offenbar vorher schon spinnefeind gewesen. Ich versuchte, Lösungen und Kompromisse zu finden, vermittelte und beschwichtigte. Doch es half alles nichts: Der Streit eskalierte so, dass irgendwann nur noch geschrien wurde.

Schließlich hatte ich genug.

„Jetzt ist Ruhe!", brüllte ich lauter, als ich es je zuvor getan hatte, insbesondere in Anwesenheit von Klienten. „Sie sind jetzt mal still."

Der Mund der Dame klappte vor Entrüstung auf, aber ich ließ sie nicht zu Wort kommen.

„Sie beide gehen jetzt vor die Tür und atmen einmal tief durch. Dann entscheiden Sie, wie Sie es nun haben wollen, und erst dann kommen Sie wieder zu mir an den Besprechungstisch!"

Ich blickte in erstaunte Gesichter, selbst Henrik wirkte verblüfft. So streng war ich wirklich nie – nicht mal mit Tobi. Und von einem Bestatter erwartete man nun wirklich nicht, dass er die Stimme erhob. Von Berufs wegen trugen wir ja meistens eher Samthandschuhe.

Doch mein Ausbruch trug Früchte. Nach zwanzig Minuten saßen wir wieder im Büro und fanden eine Lösung, die für alle gut passte. Am Ende konnte der Vater der beiden Streithähne in Frieden bestattet werden – und sorgte postum dafür, dass seine zerstrittenen Kinder zumindest zeitweise wieder miteinander sprachen.

Q&A – SCHON GEWUSST?

Worauf kommt es im ersten Gespräch mit den Angehörigen an?

Am wichtigsten ist es, auf die Grundbedürfnisse der Hinterbliebenen einzugehen. Wir sorgen für eine Umgebung, in der sie sich wohl- oder zumindest sicher fühlen. Dann lassen wir sie erst einmal erzählen, wie es zu dem Trauerfall kam. Das ist oft bedeutsam für die Betroffenen, denn es hilft ihnen dabei, den Tod des geliebten Menschen zu verarbeiten und die Bestattung mit kühlem Kopf zu planen. Vielleicht hat der Verstorbene zu Lebzeiten Wünsche geäußert? Was sind die Vorstellungen der Familie? Wenn die grobe Richtung festgelegt ist, besprechen wir Details und kümmern uns gemeinsam mit den Angehörigen um die Organisation der Feier.

Was kann ein Verstorbener vor seinem Tod tun, um es den Angehörigen zu erleichtern?

Es ist für viele Trauernde eine große Erleichterung, wenn sich die Verstorbenen vorher dazu geäußert haben, wie sie einmal bestattet werden möchten. Erde oder Feuer? Grab oder Diamant? Es gibt inzwischen so viele Möglichkeiten, dass manche Leute gar nicht wissen, was der oder die Tote gewollt hätte. Bei uns im Institut liegen mittlerweile zum Glück Hunderte von Vorsorgeverträgen. Das ist für die Familie am einfachsten: Die Person hat zu Lebzeiten beim Bestatter alles geregelt und in den meisten Fällen auch bezahlt. Besser vorbereitet kann man nicht sein.

Gibt es viele Menschen, die sich bereits zu Lebzeiten Gedanken über ihre Bestattung machen und sogar schon Vorkehrungen treffen?

Klar. Und es werden immer mehr, die eine sogenannte Vorsorge abschließen, in der alles geregelt ist: von der Wahl des eigenen Sarges bis zur Entscheidung, welche Lieder gespielt werden sollen. Interessant dabei ist, dass manche es aus dem Wunsch heraus tun, die Familie zu entlasten, wenn der Sterbefall eintritt – manche aber auch, damit die Familie nichts mehr entscheiden kann.

Was macht man, wenn jemand stirbt, der keine Angehörigen oder Freunde hat? Wer trifft die Entscheidungen, und wo wird der Tote begraben?

Bei Obdachlosen übernimmt das Ordnungsamt die Kosten für die Bestattung. Wir hatten aber auch schon mal den Fall, dass ein Obdachloser überraschenderweise doch einiges auf der hohen Kante hatte, sodass niemand sonst einspringen musste.

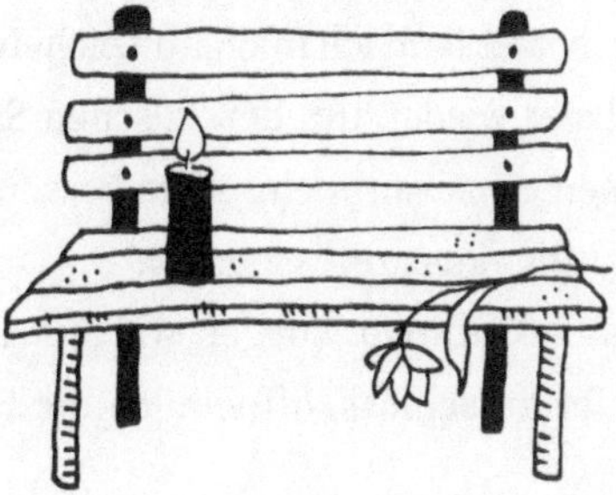

BESTATTER

ÜBERMUT TUT SELTEN GUT

„Also, bis morgen dann“, rief mir Tobi gut gelaunt zu. Ich stieg auf mein Fahrrad, rollte los und überlegte, was ich zu Abend essen würde. Doch nach nicht einmal zwei Sekunden wurde ich aus meinen Gedanken gerissen.

„Ey, warte mal, eine Sache noch!“

Ich drehte mich um und sah Tobi, der hinter mir herrannte.

Ich legte eine Vollbremsung hin. „Was ist?“

„Mir ist gerade eingefallen, dass wir vorhin aus Versehen den falschen Sarg aus dem Lager geholt haben. Blöderweise brauchen wir den aber gleich morgen früh um acht für eine Abholung.“

„Das ist nicht dein Ernst“, gab ich genervt zurück. Ich wollte unbedingt nach Hause, und jetzt sollte ich noch mal los?

Fünf Minuten später fand ich mich im Leichenwagen auf dem Weg zum Sarglager wieder, um den falschen Sarg abzuliefern und den richtigen einzusammeln. Alles besser, als morgen in aller Herrgottsfrühe rauszumüssen.

Beim Lager angekommen, stiegen wir aus dem Auto. Während Tobi das Tor aufschloss, öffnete ich die Heckklappe des Leichenwagens.

„Kommst du?“, rief ich in Richtung unseres Azubis.

„Mist, der blöde Schlüssel klemmt!“

Na klar, warum sollte es auch ausnahmsweise mal glattlaufen?

Ich griff nach dem Sarg und fing an, ihn langsam aus dem Wagen zu ziehen, Stück für Stück. Und noch ein Stück … Normalerweise wäre nun der Zeitpunkt für Tobi gekommen, den Sarg am anderen Ende zu nehmen, doch der war ja mit dem Tor des Lagers beschäftigt.

Ein bisschen geht noch, dachte ich, da geschah es. Ich sah das andere Ende des Sarges in Zeitlupe auf den Boden fallen. Ein lauter Knall ertönte, und da lag er dann. Mir war der Sarg runtergeknallt! Das Blut schoss mir in den Kopf. Wie peinlich!

Ich sah mich um, in der Hoffnung, dass niemand mein Malheur mitbekommen hatte. Leider war das ziemlich unwahrscheinlich, denn unser Lager befand sich mitten in einem Wohngebiet. Von unzähligen Fenstern aus konnte man mich und den auf dem Boden liegenden Sarg sehen.

„Alter! Du hast nicht wirklich die Kiste fallen lassen, oder?“

Tobi lachte sich kaputt. Normalerweise war schließlich er unser Kandidat für die Fettnäpfchen und Peinlichkeiten. Mir allerdings war nicht nach Lachen zumute. Ich blickte auf den Boden und untersuchte den Sarg nach Schäden. Die fand ich leider auch ziemlich schnell. Durch den Aufprall waren an allen Ecken und Kanten Macken im Sarg.

Tobi schlug mir, immer noch kichernd, auf die Schulter. Die Schadenfreude war ihm deutlich anzusehen. „Mach dir nichts draus. Es war ja immerhin kein Verstorbener drin.“

VOLL VERPLANT

Was für ein Tag! Gleich drei Beerdigungen galt es zu organisieren, sogar parallel, und alle Mitarbeiter mussten mit anpacken. Wir standen unter Hochspannung, immerhin darf bei einem für die Angehörigen so wichtigen Ereignis nichts schiefgehen. Das wäre ja noch schöner, wenn plötzlich ein Blumenkranz fehlte oder wir im Stress die Särge verwechselten ...

Ach, lieber nicht darüber nachdenken, sondern aufs Wesentliche konzentrieren.

Mein Telefon klingelte.

„Polizeiinspektion Fürth, guten Tag! Können Sie bitte nach Poppenreuth kommen? Wir haben hier eine verunfallte Dame, die im Hausflur gestürzt und anschließend verstorben ist."

Ich schielte auf Tobi, der in diesem Moment an mir vorbeihastete, in den Armen die Lautsprecherboxen für eine der Trauerfeiern.

„Wann sollen wir denn da sein?", fragte ich den Polizisten. „Heute ist bei uns die Hölle los."

„Am besten so schnell wie möglich. Die arme Familie wartet schon seit drei Stunden neben der Toten im Treppenhaus, und es ist sehr viel Blut geflossen."

Ich kratzte mich am Kopf. „Warum liegt sie denn so lange im Hausflur?"

„Na, der Notarzt kam erst eine Stunde, nachdem die Angehörigen angerufen haben – es war ja kein Notfall mehr. Der Hausarzt war als Erster vor Ort, aber bezüglich der Todesart unsicher, er hat deshalb den Amtsarzt gerufen. Der kam zwei Stunden später, da lagen die Nerven der Angehörigen natürlich schon blank. Und jetzt", der Mann seufzte schwer, „kann auch der Amtsarzt keine Todesursache feststellen und hat eine Überführung auf den Friedhof angeordnet. Und hier kommen Sie ins Spiel."

Sofort war ich voller Mitgefühl für die Angehörigen. Das war ja furchtbar, dass man sie so lange warten ließ. Dennoch: Bei uns steppte der Bär, wir waren am Anschlag.

„Können Sie nicht jemand anderen anrufen?", fragte ich den Polizisten.

„Sie sind bereits meine dritte Anlaufstelle. Bitte kommen Sie vorbei."

Ich fuhr mir mit der Hand über das Gesicht und atmete tief durch. Also gut. Irgendwie würden wir das hinbekommen. Wenn die Trauerfeiern begonnen hatten, würde ich sofort ins Auto springen und losfahren.

„Ich versuche es. Wird aber ein Weilchen dauern."

Genauer gesagt sechzig Minuten. Exakt nach einer Stunde hatten die Trauerfeiern an unterschiedlichen Orten in Fürth und Umgebung begonnen, und ich konnte mich endlich freimachen. Kurzerhand schnappte ich mir Tobi, der damals erst seit ein paar Wochen bei uns war, hüpfte in den Wagen und drückte das Gaspedal durch.

Bei der Adresse angekommen, die mir der Polizist durchgegeben hatte, trafen wir auf die mittlerweile vollkommen aufgelöste

Tochter der Verstorbenen und ihren nur noch genervten Sohn. Nachvollziehbar, denn seit mittlerweile vier Stunden standen sie im Treppenhaus neben ihrer toten Mutter, die quer über die Stufen lag, mit einer wirklich sehr unschönen, blutigen Kopfverletzung.

Wir sprachen unser Beileid aus und machten uns ein Bild von der Situation.

„Wir gehen zum Auto und holen den Sarg", sagte ich dann. „In ein paar Minuten ist alles vorbei, versprochen."

Gemeinsam mit Tobi lief ich zum Wagen und öffnete die Heckklappe. Was ich dann sah, ließ mir das Herz in die Hose rutschen. Nämlich: gähnende Leere. Nichts, nada, niente.

Wir waren ohne Sarg losgefahren.

„Oh", war das Einzige, was unsere Aushilfe dazu sagte.

Die Angehörigen hatten mir allerdings viel mehr mitzuteilen, und das meiste davon war nicht gerade nett. Ich konnte sie ja verstehen. Unsere Nachlässigkeit war absolut peinlich, drei Beerdigungen am Tag hin oder her, und es wunderte mich nicht, dass man uns für blutige Anfänger hielt. Entschuldigungen murmelnd stiegen wir ins Auto, rasten mit dem Wagen zurück ins Bestattungsinstitut, luden in Windeseile einen Sarg ein und jagten zurück. Die Tochter und der Sohn der Verstorbenen sprachen während der Abholung kein Wort mehr mit uns.

Das änderte sich zum Glück ein paar Tage später, als sie zur Planung der Bestattung in unser Institut kamen und ich mir besonders viel Zeit für sie nahm. Am Ende konnten wir die Familie bei der Organisation und Betreuung der Trauerfeier von der Qualität unserer Arbeit überzeugen, und so glaubten sie unserer Versicherung, dass der vergessene Sarg ein absoluter Einzelfall gewesen war.

ABSCHIED

Mein Handy leuchtete auf: ein neuer Sterbefall.

Ich öffnete die Nachricht und las mir die wichtigsten Infos durch. Dabei wurde mir mulmig. Ein Hubschrauberabsturz über einem Wald. Alle vier Insassen waren an Ort und Stelle verstorben. Verdammter Mist. Die Leichenteile hatte man noch im Umkreis von 200 Metern gefunden. Einer der Toten war bereit für die Abholung aus der Rechtsmedizin.

Wenig später befand ich mich mit Tobi auf dem Weg dorthin, um den verunglückten jungen Mann in unser Institut zu überführen. Die Stimmung war gedrückt. Es lässt einen niemals kalt, wenn junge Menschen sterben – vor allem auf so tragische Art.

„Neunzehn Jahre erst“, murmelte Tobi.

Krass. Nur zwei Jahre älter als ich. Irgendwie machte es einen Unterschied, wenn ich einen Toten abholte, der in meinem Alter war.

„Der wollte wahrscheinlich einfach einen Rundflug machen, und kurze Zeit später ist er tot.“

Ich stimmte ihm zu. „Ich will nicht wissen, was in den letzten

Sekunden bei denen abgegangen ist. Was man da wohl für Gedanken hat ..."

Wir fuhren langsam in den Hinterhof des großen Gebäudes. Die Rechtsmedizin war alt und hatte, zumindest von außen, ihre besten Jahre bereits hinter sich. Fast schon gruselig. An einer klapprigen Holztür hing ein stark beschädigtes Schild: Eingang.

„Hier geht's rein", sagte ich zu Tobi.

Innen stießen wir auf einen Aufzug, mit dem es hinunter in die Prosektur und zu den Kühlzellen ging. Wobei „Aufzug" der falsche Begriff war. Es war eher eine Gondel ohne Tür, die von ächzenden Motoren in die Tiefe gelassen wurde.

Tobi schluckte. „Ist das sicher?"

„Wir haben keine andere Wahl", stellte ich fest und machte den ersten Schritt in die Kabine. Das ganze Ding wackelte, als ich die Liege hineinschob.

Hoffen wir mal, dass das gut geht, dachte ich im Stillen, sagte aber nichts, um Tobi nicht noch mehr zu verängstigen.

Ich drückte einen Knopf, neben den jemand „Prosektur" gekrakelt hatte. Langsam und quietschend setzte sich der Aufzug in Bewegung. Wir konnten die Stahlseile, an denen das gesamte Gewicht hing, deutlich hören.

„Stell dir mal vor, der würde jetzt runterkrachen", sprach ich meine Gedanken laut aus.

Tobi starrte mich entsetzt an. „Hör auf, so etwas zu sagen! Damit beschwörst du es bloß herauf."

Endlich setzte die Kabine unten auf, und wir schoben die Liege in den Flur. Ich öffnete eine weitere Tür und fand mich in einem kleinen, düsteren Raum wieder. Die Prosektur. Das Brummen der Kühlzellen neben mir war deutlich zu hören, und ein beißender, unangenehmer Geruch lag in der Luft. Der Geruch des Todes.

„Lass uns den Verstorbenen abholen und so schnell wie möglich wieder abhauen“, meinte ich zu Tobi, denn einladend war es hier definitiv nicht.

In Kühlzelle drei lag unser Toter. Ich ging darauf zu und öffnete die Tür.

„Er steckt in der Bergungshülle“, stellte ich fest.

Das war eine große Erleichterung, schließlich wussten wir nicht, in welchem Zustand sich der Leichnam befand. War der Körper noch intakt? Erkannte man ihn noch? Aus welcher Höhe war der Hubschrauber eigentlich abgestürzt?

Ich griff in die Zelle und zog die Edelstahlmulde heraus, auf der die Hülle lag. Dabei stach mir eins sofort ins Auge: Durch das Plastik der Hülle schimmerte es rot. Überall, auf jeder Seite. Blut, und zwar jede Menge. Mich fröstelte.

„Wo ist denn der Kopf?“, fragte Tobi mit leiser Stimme.

Wir mussten sichergehen, dass wir den Verstorbenen richtig herum in den Sarg legten. Also öffnete ich langsam den Reißverschluss der Hülle. Dabei hat man immer ein merkwürdiges Gefühl, weil man nicht weiß, was einen erwartet. In diesem Fall jedoch war es regelrecht nervenaufreibend.

Meine schlimmsten Vermutungen bestätigten sich. Ich musste schlucken, denn mir bot sich ein heftiges Bild. Der Kopf des jungen Mannes war eingedrückt, und Gehirnmasse quoll aus dem Schädel. Am Hals klaffte eine riesige Wunde, sodass der Kehlkopf frei lag. Durch die Explosion beim Aufprall war sein Arm kohlrabenschwarz verbrannt. So roch es auch.

„Mein lieber Mann", sagte ich knapp.

„Wie sollen wir das je wieder hinbekommen?" Tobi wirkte hoffnungslos.

„Da müssen wir restaurieren", erwiderte ich und schloss die Bergungshülle wieder.

Wir hoben den Verstorbenen auf unsere Überführungsliege, schlossen die Tür zu Kühlkammer drei und gingen zurück in den Flur.

Nur wenige Minuten später standen wir wieder im Aufzug und drückten auf „E" wie Erdgeschoss. In Zeitlupe fuhren wir in Richtung Tageslicht. Plötzlich ruckte die Kabine heftig – und stand dann einfach still, natürlich zwischen den Stockwerken.

„Was war das?", stammelte Tobi.

„Wir sind stecken geblieben." Ich stöhnte laut. Die Situation war sowieso schon unangenehm und bedrückend.

„Ruf mal in der Verwaltung an", meinte Tobi.

Doch daraus wurde nichts, denn in dem tiefen Betonverlies hatten wir keinen Empfang. Neben den Knöpfen zur Stockwerkwahl befand sich eine Notklingel. Beherzt drückte ich auf den Knopf, doch erst einmal passierte gar nichts. Dann, nach einer endlos langen Stille, meldete sich eine Stimme mit Berliner Akzent.

„Aufzugservice, wie kann ick helfen?"

„Bauer hier. Wir stecken mit Sarg und Leichnam in einem Ihrer Aufzüge fest."

„Watt tun Sie? Machen'Se keene Witze!"

„Ich wünschte, es wäre ein Witz", gab ich verzweifelt zurück.

Zum Glück hielt der Techniker unseren Notruf nicht für einen Klingelstreich, sondern schickte umgehend Hilfe. Nach einer halben Stunde, die sich anfühlte wie eine Ewigkeit, kam der Hausmeister des Gebäudes und befreite uns aus unserer misslichen Lage. Erleichtert machten wir uns aus dem Staub und fuhren zurück ins Bestattungsinstitut.

„Die Familie will ihn morgen früh noch mal sehen", verkündete mein Vater, als wir dort ankamen.

Das hatte ich befürchtet. Das Problem war jedoch, dass wir eigentlich keine Zeit mehr für eine gründliche Restauration hatten.

Es muss irgendwie gehen, dachte ich. Die Situation ist schon schlimm genug für die Familie. Sie sollen zumindest Abschied nehmen können.

Ich zog mich um und hob den Verstorbenen auf den Tisch. Erst jetzt sah ich, wie schlimm es wirklich war. Nichts war mehr da, wo es hingehörte. Am Körper konnte man das mit Kleidung gut kaschieren, aber an der Stelle, wo einmal der Hinterkopf gewesen war, klaffte ein riesiges Loch, aus dem Gehirnmasse austrat. Wir überlegten, wie wir das Problem in der Kürze der Zeit lösen konnten – denn so würden wir den Verstorbenen unmöglich jemandem zeigen können, vor allem nicht seiner Familie.

Mein Vater kam schließlich auf die Idee, die Kopfform mit Zellstoff wiederherzustellen. Außerdem vernähten wir die Wunden und legten alles trocken. Nach stundenlanger Arbeit waren wir endlich fertig. Zum Schluss überschminkten wir ein paar Verfärbungen an den Extremitäten. Das Gesicht hatten wir nicht wieder hinbekommen, es sah einfach zu übel aus. Wir beschlossen, ihm ein Handtuch über den Kopf zu legen. Das war nicht ideal, aber besser als nichts.

Angekleidet legten wir ihn in seinen Sarg. Ein Arm war zum Glück intakt, den anderen verbanden wir.

Am nächsten Morgen bereitete ich alles für die Abschiednahme am offenen Sarg vor und führte die Familie hinein. Es war ein sehr emotionaler Moment, es flossen viele Tränen. Kein Wunder! Wenn ein junger Mensch auf so schreckliche Weise aus dem Leben gerissen wird, nimmt das jeden mit.

Am Ende kam die Familie des Verstorbenen zu uns und bedankte sich.

„Es war schön, dass wir uns von ihm verabschieden konnten."

Da wusste ich, dass sich der Aufwand gelohnt hatte – und sei es auch nur für einen kurzen Augenblick des Lebewohls.

Q&A – SCHON GEWUSST?

Wie wird man Bestatter?

Seit 2005 ist Bestattungsfachkraft ein Ausbildungsberuf. Doch auch wenn wir inzwischen hauptsächlich ausgelernte Fachkräfte einstellen, ist der Abschluss keine zwingende Voraussetzung. Im Gegenteil, der Werdegang unserer Mitarbeitenden ist bunt. Darunter befinden sich ein Fremdsprachenkorrespondent, ein Sozialpädagoge, eine Kosmetikerin, eine Sparkassenfachangestellte und viele andere. Man kann also aus jedem Berufsfeld kommen, wenn man umsatteln will. Mit großer Wahrscheinlichkeit wird man sogar einige Fähigkeiten seines alten Jobs im Bestattungsinstitut brauchen können.

Muss man als Bestatter gläubig sein?

Nein, das bleibt jedem selbst überlassen. Ich, Johannes, bezeichne mich eher als Agnostiker, der vielen Ansätzen offen gegenübersteht. Manche aus unserem Team sind gläubig und ziehen daraus Hoffnung und Kraft. Gerade in einem emotional herausfordernden Job wie unserem kann das eine Hilfe sein. Religiosität ist aber auf keinen Fall eine Voraussetzung, wenn man unseren Beruf ergreifen will. Als Bestatter ist man zwar bei vielen Gottesdiensten dabei und bekommt religiöse Bräuche und Handlungen mit, aber das bedeutet nicht, dass man selbst daran glauben muss.

Wie stellt sich ein Bestatter seine eigene Bestattung vor?

Da wir uns sehr intensiv mit dem Thema beschäftigen, wird die eigene Bestattung sicherlich bunt, laut und ereignisreich werden, eine richtige Sause eben. Details haben wir uns aber noch nicht überlegt. Vor allem soll die Bestattung für die Hinterbliebenen passen.

Wurde euch schon mal ein Leichnam geklaut?

Das ist diese eine Sache, die dir als Bestatter wirklich nie passieren darf. Bei uns ist das zum Glück noch nicht vorgekommen, aber wir haben einige Vorkehrungen getroffen, damit das auch so bleibt. Gehört haben wir allerdings mal von einem Fall, bei dem eine Tote aus der Friedhofshalle geklaut wurde. Die ganze Sache war sowieso dramatisch, da die noch junge Frau bei einem Verkehrsunfall ums Leben gekommen war. Der Bestatter hatte sie in die Leichenhalle gebracht, und von dort wurde sie von Satanisten gestohlen, die sie dann für ihre religiösen Handlungen missbraucht haben. Der Fall konnte zum Glück geklärt werden, doch für die Familie der Verstorbenen war der Diebstahl sehr schlimm und unverzeihlich.

Schlagen Bestatter Profit aus dem Leid anderer?

Diese Frage wurde uns schon oft gestellt. Wir persönlich haben kein Problem damit, dass wir Geld mit dem Verkauf von Dienstleistungen und Artikeln verdienen, die man sich im Trauerfall wünscht oder die man braucht. Es ist ähnlich wie bei einem Arzt: Er hilft Kranken, verdient damit Geld und wird auch nicht gefragt, ob er vom Elend anderer profitiert. Ist es verwerflich, dass ein Bäcker durch den Hunger der Leute seinen Lebensunterhalt verdient? Alles eine Frage der Perspektive!

Wie schwer oder leicht ist es, als Bestatter einen Partner zu finden? Gibt es eine Dating-App für Bestatter?

Selbstverständlich gibt es die, denn Bestatter sind keine normalen Menschen und finden nur über bestimmte Portale einen Partner.

Nein, natürlich nicht! So eine App gibt es nicht, und die braucht auch niemand. Obwohl Luis tatsächlich mit einer Kollegin zusammen ist. Er hatte vorher schon andere Partnerinnen, die keine Bestatterinnen waren, und sagt, dass es mit jemandem aus dem gleichen Berufsfeld besser klappt. Man hat mehr Verständnis für den anderen, beispielsweise wenn er außerhalb der Arbeitszeit zu einer Abholung muss. Vermutlich ist das unter Lehrer-Paaren oder Juristen-Pärchen aber nicht anders.

Gibt es Sätze, die ein Bestatter niemals sagen sollte?

Ja! Kleine Auswahl gefällig?

- Die Zeit heilt alle Wunden.
- Wird schon wieder!
- Kopf hoch, so schlimm ist es doch nicht.
- Ich hatte schon viel üblere Fälle.
- Bis zum nächsten Mal.

Aber nicht nur Bestatter, sondern auch Trauergäste können sich mit unüberlegten oder hilflosen Kommentaren ganz schön unbeliebt machen. Bei unseren Trauerfeiern legen wir deswegen Broschüren aus, die alle Anwesenden dafür sensibilisieren sollen, was man zu den Trauernden sagen kann und was nicht.

DEAD END

Was kommt nach dem Tod?“, werden wir häufig gefragt. Als Bestatter haben wir natürlich eine Antwort darauf: Die Verstorbenen werden von uns versorgt, gegebenenfalls für eine Aufbahrung hergerichtet und vielleicht sogar einbalsamiert, damit sie in Würde ihre letzte Reise antreten können. Ob sie im Moment des Todes in ein helles Licht, in einen blühenden Garten oder auf ein Wolkenmeer reisen, wissen wir (noch) nicht.

VERSORGUNG DER TOTEN

HOCHKARÄTIG

Für gewöhnlich mache ich mir nicht viel aus Diamanten, Edelsteinen und anderen Preziosen, doch in diesem Fall war es anders: Am Telefon war eine Frau, die vor zwanzig Jahren ihren Vater verloren hatte. Er war bei einer Bergtour in den österreichischen Alpen abgestürzt und im Zinksarg postum in seine Heimat nach Deutschland überführt worden. Damals eine dramatische Geschichte und schmerzhafte Zäsur für die Familie, doch mein Beileid oder andere Anteilsbekundungen konnte ich mir sparen. Die Tochter des Verstorbenen war fröhlich und voller Tatendrang. Das Ganze war ja schon lange her, und sie hatte den Verlust längst verwunden.

Der Vater hatte auf einem schönen Friedhof im Fürther Landkreis seine letzte Ruhe gefunden. Umso überraschter war ich, als mir die Frau sagte: „Ich habe schon mit der Friedhofsverwaltung Kontakt aufgenommen. Ich will das Grab auflösen und eine Exhumierung haben."

„Moment, Moment, nicht so schnell", bremste ich ihren Enthusiasmus aus. „Was wollen Sie mit den Überresten Ihres Vaters denn anfangen?"

„Aus ihm soll ein Diamant werden. Das bieten Sie doch an, oder? Der Bestatter, der vor zwanzig Jahren die Beerdigung durchgeführt hat, ist so was von altbacken! Wir waren damals alles andere als zufrieden. Die Exhumierung mit anschließender Feuerbestattung ist eine Nummer zu groß für den. Die Sache mit dem Diamanten sowieso. Das machen mal lieber Sie."

Geschmeichelt von ihren Vorschusslorbeeren nahm ich die wichtigsten Daten auf, war allerdings etwas zurückhaltend. Ich wusste, wie viele bürokratische Hürden man für so eine Aktion meistern muss: Zunächst war ein Antrag zur Exhumierung erforderlich, in dem man Gründe für die Ausgrabung des Sarges anbringen musste. Dann hieß es warten auf die Genehmigung und hoffen, dass überhaupt „noch etwas übrig war", was man feuerbestatten kann. Eine Exhumierung ist eine echte Ausnahme, und ihr wird oftmals nur stattgegeben, wenn ein Grab von A nach B verlegt wird, weil eine Familie zum Beispiel umzieht – oder in einem Kriminalfall. Außerdem muss die Ruhefrist abgelaufen sein. Doch das war in diesem Fall gegeben. Wir beschlossen, dass wir zweigleisig fahren würden: Sie war sowieso schon in Kontakt mit dem Friedhofsamt, also würde ich die offiziellen Anträge stellen.

Als ich den Hörer auf die Gabel legte, musste ich schmunzeln. Diese gut gelaunte Frau wusste, was sie wollte, und ließ sich von ihrem Vorhaben nicht abbringen. Das gefiel mir.

Etliche Wochen, viele Telefonate und zahllose Anträge später war es dann so weit: Das Grab wurde geöffnet, um die sterblichen Überreste zu exhumieren.

Es war kalt an diesem Oktobermorgen, und wir fröstelten leicht, als wir uns an die Arbeit machten. Lennox, der Friedhofswärter, stieß fluchend den Spaten in den lehmigen Boden. Er war schon außer Atem von der schweren körperlichen Arbeit.

„Verdammter Mist! Warum muss man einen Toten ausgraben? Einen Diamanten will die Tochter daraus machen? Die ist ja nicht ganz sauber."

Ich hatte mir eigentlich eine andere Erklärung für den Totengräber bereitgelegt – irgendetwas in die Richtung, dass die Tochter die Urne in einem Familiengrab weiter weg beisetzen wollte. Doch Lennox war bereits bestens informiert. Dorftratsch eben.

„Meckere nicht rum, das ist halt unser Job", gab ich zu bedenken. „Außerdem ist der Diamant eine edle Form der ewigen Ruhe. Besser als hier in diesem Lehmboden!" Atemwolken waberten vor meinem Gesicht, es war wirklich schon fast Winter. Um Lennox bei Laune zu halten, versuchte ich es etwas versöhnlicher: „Ich hol dir mal einen Kaffee vom Bäcker, okay?"

Wie sich eine Viertelstunde später herausstellte, hatte ich gut daran getan, mir ebenfalls einen Kaffee zu besorgen. Denn nun war auch meine Laune dahin: Der Sarg war noch in Gänze vorhanden und beinhaltete zu allem Übel eine verschlossene Zinkeinlage. Die ist bei Überführung ins Ausland oder zurück nach Deutschland vorgeschrieben. Aber eigentlich wird die Einlage zur Bestattung entfernt – sie verrottet ja nicht. Scheinbar hatte sich der Kollege damals die Arbeit gespart. Und nun hatten wir das Dilemma. Ich beschloss, den Sarg mit ins Bestattungsinstitut zu nehmen, um dort die Umbettung vorzunehmen. Mit etwas Glück befanden sich nur noch ein paar Knochen in der Zinkeinlage.

Leider wurde aus meiner Wunschvorstellung nichts. Der Zinksarg hatte ein Sichtfenster, durch das ich in das Innere blickte, kaum dass wir im Beerdigungsinstitut angekommen waren. Was ich dort sah, ließ mir das Blut in den Adern gefrieren. Der Verstorbene lag nämlich noch im Ganzen und komplett angekleidet im Sarg. Das Schlimmste aber war: Er schwamm förmlich im eigenen Verwesungssaft.

„Das bekommen wir schon geschaukelt, Cheffe. Ich hol die Flex, und dann machen wir das Oberteil auf", gluckste Tobi, der wegen des besonderen Falls aufgeregt war.

„Das kannst du knicken, mein Lieber. Nicht im Leben machen wir das bei uns!", fiel ich ihm ins Wort. Ich hatte schon viel erlebt und auch einige schwierige Situationen gemeistert. Doch das war für uns – sowohl von den technischen als auch räumlichen Möglichkeiten – einfach eine Nummer zu groß.

Ich griff zum Hörer und brachte die Tochter des Verstorbenen auf den aktuellen Stand. Sie hatte mit Komplikationen gerechnet und Verständnis dafür, dass wir zum Kremieren keine Gebeinekiste, sondern einen richtigen Sarg benötigen würden. Mein Plan war eigentlich gewesen, den alten Sarg samt Leichnam in einen XXL-Sarg zu stellen und alles zusammen zu verbrennen. Aber da war ja noch dieser blöde Zinksarg dazwischen.

Es half nichts, der Verstorbene musste umgebettet werden. Ich nahm Kontakt mit dem Krematorium auf und klagte dem

Betriebsleiter mein Leid. „Oli, du musst mir helfen. Wir können die Umbettung nicht bei uns im Institut vornehmen. Da versauen wir uns alles!“

„Wir haben bisher für alles eine Lösung gefunden“, beruhigte er mich. „Wir holen den Verstorbenen erst mal zu uns, und dann sehen wir weiter. Ich hab hier zwei Jungs fürs Grobe, die kriegen das schon hin.“

Am darauffolgenden Tag, nachdem Zinksarg, Verstorbener und XXL-Sarg ins Krematorium gebracht worden waren, kam ich gespannt dazu. „Und? Wie lief es?“

„Johannes, ich muss mich korrigieren“, sagte Oli und kratzte sich am Kopf. „Wir haben den Zinksarg geöffnet. Du kannst dir nicht vorstellen, wie schlimm es aussah und vor allem roch.“

Mir war das Ganze über die Maße unangenehm. Die Zusammenarbeit mit dem Krematorium war im Laufe der Jahre mehr als positiv gewesen. Und nun hatten sie solche Umstände wegen eines Falls aus meinem Institut. Würde alles erst einmal über die Bühne gegangen sein, musste ich mir ein Dankeschön einfallen lassen.

„Aber“, sprach Oli weiter, „du darfst dich freuen. Wir haben Stunden gebraucht, um den Verstorbenen aus dem Zinksarg herauszuholen und in einen Holzsarg umzubetten. Doch nun ist es vollbracht, und er kann verbrannt werden.“

„Gott sei Dank“, brach es aus mir heraus. „Ehrlich, Oli, du hast was gut bei mir.“

Er grinste. „Ich erinnere dich daran.“

Nur wenig später konnte die Asche zu der Firma nach Österreich gebracht werden, um einen Diamanten daraus zu pressen. Nach Absprache mit der Auftraggeberin gaben wir Form und Größe an die Herstellung weiter und warteten gespannt auf das Ergebnis.

Die Tochter des Verstorbenen lag mir fast täglich in den Ohren, wann sie „ihren Vater" denn nun endlich abholen könne. Das ganze Prozedere hatte sich inzwischen über Wochen hingezogen, und ich konnte ihre Ungeduld nur zu gut verstehen.

Schließlich war es so weit: Ein aufwendig verpacktes Päckchen mit österreichischem Absender traf ein. Aufgeregt setzte ich mich an den Schreibtisch und öffnete die Sendung. Der edle Stein lag in einer schlichten Schatulle. Er schimmerte blau und hell im Licht, als ich ihn zum Betrachten gegen die Sonne hielt. Der Schliff nannte sich „Wild Beauty" und machte seinem Namen alle Ehre.

Gut gelaunt rief ich die Tochter des Verstorbenen an, die ich bislang nur vom Telefon kannte, um ihr Bescheid zu geben. Noch am gleichen Tag betrat eine elegant gekleidete Frau Ende dreißig mein Büro. An der Stimme erkannte ich sie sofort als meine Edelstein-Kundin und führte sie zur Übergabe in mein Büro.

Sie öffnete behutsam die Schatulle und betrachtete ehrfürchtig den ersehnten Stein. „Endlich hast du deinen Frieden", hörte ich sie flüstern. „Jetzt bist du bei mir."

Als sie sich vom Anblick des Diamanten losgerissen hatte, bedankte sie sich überschwänglich und überreichte mir vier

Umschläge. „Das ist für Ihr Team und die Mitarbeiter des Krematoriums."

Ich war überrascht: Trinkgeld für jeden von uns – und ein paar lustige Socken. So hatte sich noch niemand bei uns bedankt.

„Es war mir eine Ehre. Meine Kollegen werden sich bestimmt freuen", versicherte ich ihr, als wir uns kurz darauf an der Tür verabschiedeten.

„Bis bald", meinte ich.

„Na, hoffentlich nicht so schnell!", erwiderte sie und ging grinsend davon.

Ich sah ihr eine Weile hinterher und konnte mir einen Gedanken nicht verkneifen: Eine tolle Frau. Wir sehen uns bestimmt mal wieder.

Q&A – SCHON GEWUSST?

Hat man bei der Versorgung manchmal Angst, dass die Toten noch einmal aufwachen?

Auf keinen Fall. Zum einen wissen wir ja, dass die Verstorbenen von den Ärzten für tot erklärt wurden. Zum anderen spürt man bei der Versorgung schon, dass man an einem toten Körper arbeitet. Die Haut, das Gewebe, der Muskeltonus, alles fühlt sich anders an. Deswegen haben wir keine Angst vor „lebenden" Toten.

Warum werden Tote noch einmal gewaschen?

Es ist eine ehrenvolle Aufgabe, die Verstorbenen für ihre letzte Reise vorzubereiten und ihnen ein Stück ihrer Würde zurückzugeben. Außerdem ist es hygienisch wichtig. Bei der Versorgung machen wir im Prinzip das, was ein Lebender selbst tun würden, wenn er am Abend ausginge: duschen, Haare waschen, Deo auftragen, föhnen, stylen. Das ist vor allem für die Angehörigen wichtig, die sich am offenen Sarg von dem ihnen nahestehenden Menschen verabschieden wollen. Er bleibt so in friedlicher Erinnerung.

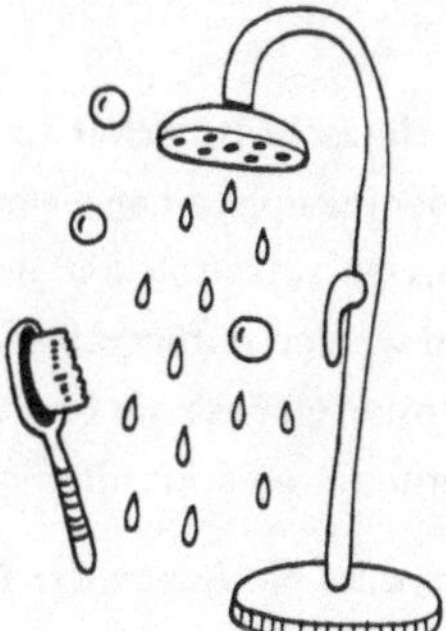

Schminkt ihr die Toten auch?

Wenn die Familie das wünscht oder der Zustand des Verstorbenen es erfordert, machen wir das natürlich. Manchmal bringen uns die Angehörigen sogar die Hygiene- und Kosmetikprodukte mit, die der oder die Verstorbene gern benutzt hat. Vor allem bei Frauen und deren Make-up kann das ein großer Aufwand sein. Zum Glück haben wir fähige Mitarbeiterinnen, die sich mit Lidschatten und Rouge bestens auskennen.

Wird den Toten wirklich der Mund zugenäht?

Oft steht der Mund eines Verstorbenen offen, und das ist bei einer Abschiednahme nicht so schön. Wir verwenden eine Ligaturtechnik, bei der Ober- und Unterkiefer zusammengehalten werden. Aber keine Sorge, es ist nicht wie in einem Horrorfilm, wo die Lippen mit dicken äußerlichen Nähten versäumt werden. Wir legen eine feine, innere Naht, die man von außen nicht sieht. So bleibt der Mund verschlossen, und die Familie kann sich am offenen Sarg noch einmal friedlich verabschieden.

Was passiert mit Herzschrittmachern? Werden die rausgeschnitten?

Früher mussten wir Herzschrittmacher tatsächlich entnehmen. Dazu setzten wir mit dem Skalpell einen kleinen Schnitt und kamen so an das Gerät heran. Heutzutage bleiben Herzschrittmacher aber dort, wo sie sind, und werden mitbegraben oder eben verbrannt. Eine kleine Mini-Explosion gibt es zwar bei der Einäscherung, aber die macht den modernen Kremationsöfen nichts aus.

Wie verhindert man, dass die Augen der Toten aufklappen?

Durch sogenannte Eyecaps, die wie übergroße Kontaktlinsen aussehen und über kleine Widerhaken verfügen. Sie werden auf das

Auge gesetzt und halten so das Lid geschlossen. Sie bewirken außerdem, dass die Augen wieder fülliger und natürlicher erscheinen, bei Verstorbenen fallen sie nämlich oftmals etwas ein.

Was passiert, wenn jemand mit einer festen Zahnspange stirbt?

Trommelwirbel ... nichts. Wir haben keine riesige Zange, um die Zahnspange zu entfernen. Bleibt alles so, wie es ist.

Holt ihr einen Tampon aus einer toten Frau, die zum Zeitpunkt ihres Todes menstruiert hat?

Nein, der Tampon bleibt drin, er kann mit dem Leichnam verwesen oder verbrannt werden. Aber merkwürdig, dass uns diese Frage immer wieder gestellt wird.

Wie sehen Verstorbene nach einer Obduktion aus?

Eine Obduktion ist eine innere Leichenschau, bei der ein Pathologe oder Gerichtsmediziner die Todesursache herausfinden will. Hierbei werden verschiedene Schnittarten (Y-Schnitt, T-Schnitt) angewendet, um den Leichnam zu eröffnen und die inneren Organe zu entnehmen. Nach der Obduktion kommen die Organe zurück in den Torso, alles wird wieder zugenäht. Die Naht zieht sich über den ganzen Körper und ist nicht zu übersehen. Manchmal tritt aus den Nähten noch Blut aus. Wenn das der Fall ist, legen wir den Schnitt trocken und vernähen die Stelle noch einmal.

Wie versorgt ihr Schnitte?

Schnitte werden von uns zuerst gesäubert und desinfiziert, um Geruchsbildung und Verwesung zu verhindern, dann vernähen wir die Stelle. Die Nahttechnik nennt sich Baseballnaht, weil sie den Nähten im Leder eines Baseballs ähnelt. An sichtbaren Stellen (wie beispielsweise im Gesicht) verwenden wir feine Nadeln und kosmetische Fäden. Am Schluss versiegeln wir die Nähte mit Wundwachs und tragen bei Bedarf Make-up auf.

Was ist eine Restauration?

Manchmal kommt es vor, dass Tote in einem sehr schlechten Zustand bei uns ankommen, beispielsweise nach einem Verkehrsunfall oder Suizid. Unsere Aufgabe ist es dann, den Leichnam thanatologisch so zu behandeln, dass die Angehörigen noch einmal am offenen Sarg Abschied nehmen können, wenn sie es wünschen. Das ist in den meisten Fällen möglich, so zum Beispiel bei dem toten Motorradfahrer, der mit einer üblen Kopfverletzung zu uns kam. Seine Familie äußerte den Wunsch, den Verstorbenen noch einmal zu sehen – aber so, wie er aussah, wäre das zu traumatisch gewesen. Wir entschieden uns dazu, die eingedrückten Teile des Hinterkopfes mithilfe passender Ausschnitte aus einem Styroporkopf zu restaurieren. Klingt makaber, war für die Familie aber ein Segen.

Musstet ihr bei Corona-Toten andere Sicherheitsmaßnahmen ergreifen?

Auf jeden Fall. Wir haben bei der Versorgung und Abholung von Corona-Toten immer die komplette Schutzmontur mit Fußstulpen, Ganzkörperanzügen, High-Risk-Handschuhen, Mundschutz und Schutzbrillen an. Sicher ist sicher.

Stimmt es, dass man aus der Asche eines Verstorbenen einen Diamanten pressen kann?

Ja, das geht. Wir bieten diesen Service bereits seit der Markteinführung des ersten Herstellers an und waren damit sogar schon mal in den Tagesthemen. Als Vertriebspartner der ersten Stunde haben wir die neue Bestattungsart in den sozialen Medien und auf unserer Website bekannt gemacht. Der Anlauf war riesig, da die meisten unserer Kollegen eher skeptisch blieben: „Darf man das denn?“, „Wie läuft so was ab?“, „Soll das lieber mal ein anderer machen!“

Wir nutzten die Gunst der Stunde und entwickelten eine eigene Website, auf der wir diese Form der Bestattung bundesweit anboten. Und siehe da: Es funktionierte! Von da an waren wir in ganz Deutschland unterwegs und führten Feuerbestattungen mit anschließender Diamantfertigung durch. Dafür mieteten wir zwischenzeitlich sogar ein Büro in Hamburg an, denn von dort kamen die meisten Anfragen.

Und weil wir die nächste Frage schon ahnen: Die Kosten für diese Form der besonderen Erinnerung sind höher als bei einer regulären Bestattung. Allerdings hat der Diamant auch einen Wert, je nachdem, wie viel Karat er bekommt. Sogar das kann man selbst entscheiden.

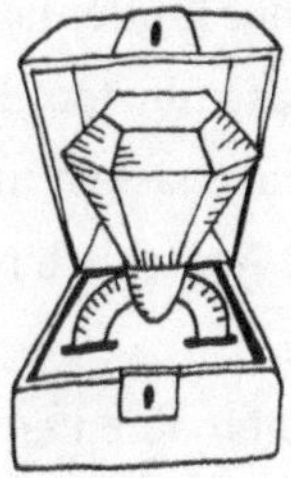

EINBALSAMIERUNG

DIE TOTENMASKE

Totenmasken gibt es schon seit Tausenden von Jahren. Selbst im alten Ägypten wurden Abdrücke vom letzten Antlitz der Könige gefertigt. Heute kommt das nicht mehr so oft vor, und wenn jemand eine Maske in Auftrag gibt, hat er immer einen speziellen Grund.

So wie der fünfzigjährige Herr, der an einem Freitagnachmittag unser Büro betrat. Seine Mutter war verstorben, und er war untröstlich. Nachdem er sich beruhigt hatte und die Bestattung geplant war, äußerte er verlegen einen Wunsch. Er wollte eine Totenmaske von seiner Mutter haben. Im Internet hatte er gelesen, dass wir so etwas anbieten. Für uns ist das keine ungewöhnliche Arbeit, da wir Masken und Handabdrücke schon lange im Portfolio haben. Tatsächlich haben wir an dieser Handwerkskunst sogar Freude.

Ich bemerkte, dass unserem Klienten die Frage nach der Maske irgendwie peinlich war. Also fasste ich mir ein Herz und fragte ihn: „Was ist der Grund für Sie, eine Maske Ihrer Mutter anfertigen zu lassen? Wo werden Sie sie anschließend aufbewahren?"

Ich traf direkt ins Schwarze! Denn der Mann lachte kurz auf und gestand mir dann verlegen: „Bitte halten Sie mich nicht für verrückt, aber ich habe vor einiger Zeit eine Holzkiste gebaut und mit Samt ausgekleidet, und dorthinein will ich die Maske legen. Es ist mir wichtig, dass ich Mutters Antlitz in dieser Kiste verschließe und auf den Dachboden stelle."

„Interessant", sagte ich verblüfft, „das hat bisher noch keiner meiner Kunden gemacht."

Die Gedanken in meinem Kopf rasten. Warum wollte man das Gesicht seiner Mutter in einer Kiste auf dem Dachboden aufbewahren? Das sollte mal bloß kein Psychiater hören, der diagnostizierte einem doch im Nullkommanichts ein Problem herbei.

Zum Glück erklärte der Mann von selbst, was es mit seinem Plan auf sich hatte.

„Wenn ich selbst eines Tages auf dem Sterbebett liege, kann ich das Gesicht meiner Mutter berühren. Ich weiß, dass das wichtig für mich sein wird."

Ich staunte. An eine solche Möglichkeit hatte ich selbst noch nie gedacht – obwohl ich meine Mutter wirklich sehr gernhabe.

ACHTUNG, INFEKTIONSGEFAHR!

„Los geht's!", rief mir Henrik zu.

Wir zogen uns gerade für eine Corona-Abholung um, genauer gesagt: Wir packten uns ein. In der Ferne läuteten die Kirchenglocken. 21 Uhr. Es war die letzte Abholung für heute.

In voller Schutzmontur stapften wir in Richtung des Altenheims, in dem der Erreger gerade wütete. Es war ein komisches Gefühl, als wir über die Türschwelle traten. Das gesamte Personal war in voller Schutzmontur. Es erinnerte ein bisschen an einen Endzeit-Film, in dem die Welt unterging – auf gewisse Weise war es ja auch so.

„Zimmer fünf", informierte uns einer der Vermummten, der uns am Sarg erkannt hatte. „Ich bringe Sie hin."

Wir liefen durch den schier endlosen Gang. Unsere Gummisohlen quietschten auf dem Linoleum-Boden.

Ich blickte mich um. Links und rechts an den Türen klebten knallrote Schilder mit der Aufschrift: „COVID 19 – INFEKTIÖS!"

Als ich mich zu Henrik umdrehte, konnte ich ihm ansehen, dass er, genau wie ich, ein komisches Gefühl im Bauch hatte. Ich wusste, dass Henrik ein Hypochonder war, und als solcher hatte er es in der Pandemie natürlich besonders schwer. Und nun liefen wir in voller Montur durch ein virenverseuchtes Altenheim. Nicht gerade die entspannteste Abendbeschäftigung.

„Hier ist es", sagte der vermummte Altenpfleger und drückte mir die Papiere in die Hand.

Ich studierte die Todesbescheinigung. Das Feld „Infektionsgefahr – Infektiöse Leiche" war dick angekreuzt. Klar, das war ja nicht anders zu erwarten gewesen.

Wir öffneten die Tür und betraten das düstere Zimmer. Es war kahl und lieblos eingerichtet. Eine rote, flackernde Kerze war das einzige Licht in der Dunkelheit. Weiter hinten stand ein Krankenbett, darauf machte ich einen schemenhaften körperlichen Umriss aus. Der Körper war mit einem Laken bedeckt.

„Mach mal bitte das Licht an", bat ich Henrik, der immer nervöser wurde.

„Zum Glück haben wir die Schutzausrüstung. Sonst hätten mich keine zehn Pferde hier reingebracht", flüsterte er mit heiserer Stimme.

Er wollte schnellstmöglich wieder aus dem Altenheim raus, das konnte ich deutlich spüren.

Ich näherte mich dem zugedeckten Leichnam und warf das Laken beiseite. Vor mir lag ein toter Mann mit weit aufgerissenem Mund und geöffneten Augen. Seine Hände waren verkrampft. Im Gegensatz zu den vielen anderen Toten, die ich in meinem Leben schon gesehen hatte, waren diesem Verstorbenen die letzten Stunden, in denen er um Luft gerungen hatte, deutlich anzusehen. Das war kein friedliches Entschlafen, sondern ein Todeskampf gewesen.

Henrik erschauderte. „Kein schönes Ende, und allein war er dabei wahrscheinlich auch", murmelte er.

Ich riss mich vom Anblick des Toten los. „Komm, schnell umbetten, und dann lass uns hier verschwinden."

Wir hoben den Toten in den Sarg, klebten den „Infektiös!"-Aufkleber darauf und gingen Richtung Ausgang, vorbei an einigen offen stehenden Zimmertüren, neben denen sich keine roten Aufkleber mit Warnung befanden. Ich warf im Vorbeigehen neugierige Blicke in die Räume und nickte dem einen oder anderen zu – allerdings mit einem wirklich merkwürdigen Gefühl in der Magengegend. Denn für die Bewohner dieses Heimes waren wir die drohende Gefahr, die Unheilbringer, die Totengräber. Wenn wir kamen, gab es keine Hoffnung mehr. Und wir würden diesem Altenheim in den kommenden Tagen und Wochen noch häufiger einen Besuch abstatten. Einige Bewohner waren bereits infiziert, und nur die wenigsten von ihnen hatten eine Chance, die Covid-19-Infektion zu überleben. Das wussten wir, und das wussten sie. Heute sahen wir sie noch hier sitzen – aber morgen konnten sie schon die Nächsten sein, die wir in unsere Särge legten. Eine merkwürdige, beklemmende Situation, die auch die halbe Flasche Desinfektionsmittel nicht von mir abwaschen konnte, die Henrik und ich vor der Tür auf unseren Händen verteilten.

Q&A – SCHON GEWUSST?

Welche Möglichkeiten gibt es, einen kleinen Teil des Verstorbenen als Andenken zu behalten?

Mit unserem Spezial-Silikon kann man eigentlich alle Körperteile abformen: Hände, Finger, das Gesicht oder Füße. Gerade wenn ein Kind stirbt, machen wir das oft für die Hinterbliebenen. Wir wissen, dass es für Trauernde hilfreich sein kann, wenn sie irgendetwas von den Verstorbenen behalten können. Etwas, was bleibt und von Dauer ist. Es ist auch möglich, Fingerabdrücke in Schmuckstücke zu prägen, die anschließend die Hinterbliebenen als Erinnerung tragen.

Manchmal stehen bei uns Leute im Büro, die so ein Schmuckstück bestellen wollen. Und wenn wir fragen, wer gestorben sei, heißt es: „Nein, keine Sorge! Ich möchte meinem Mann nur einen Ring mit meinem Fingerabdruck zum Geburtstag schenken." Eine schöne Art, sich gegenseitig eine Freude zu bereiten.

Was ist Thanatologie?

Darunter versteht man die Lehre vom Tod, heutzutage aber vor allem die hygienisch höchste Form der Totenversorgung: die Einbalsamierung (auch Modern Embalming genannt). Bei diesem Prozess wird das Blut gegen Formaldehyd oder andere Flüssigkeiten ausgetauscht. Auf diese Weise wird der Verwesungsprozess für eine gewisse Zeit gestoppt und das hygienische Risiko reduziert.

Wie funktioniert eine Einbalsamierung?

Bei einer Einbalsamierung machen wir an bis zu sechs Stellen des Körpers kleine Inzisionen und legen Arterien und Venen frei. Über das arterielle Netz injizieren wir spezielle Flüssigkeiten, die den Verstorbenen zum einen für eine gewisse Zeit „haltbar" machen und zum anderen diverse Farb- und Zusatzstoffe enthalten, die für ein natürliches Aussehen sorgen. Die verwendeten Flüssigkeiten dringen bis in die feinsten Kapillaren vor und versorgen das tote Gewebe mit Flüssigkeit und Farbstoffen. Das hat zur Folge, dass Verfärbungen im Gesicht, an den Ohren oder Fingern verschwinden.

Was passiert mit den Organen?

Die inneren Organe werden ebenfalls von der Einbalsamierungsflüssigkeit erreicht, da sie an das arterielle Netz „angeschlossen" sind. Wurde ein Verstorbener allerdings obduziert, fehlen diese inneren arteriellen Verbindungen. Bei der Einbalsamierung eines Obduzierten müssen wir für die optimale Versorgung des Körpers die Obduktionsnaht wieder öffnen und alle Organe entnehmen, um an die innenliegenden arteriellen Gefäße zu kommen. Nachdem wir alle wichtigen Bereiche mit Flüssigkeit versorgt haben, geben wir die Organe in einen mit Einbalsamierungsflüssigkeit versehenen Beutel und lassen diesen verschlossen im Körperinneren zurück.

Warum lassen sich Menschen einbalsamieren?

Seinen Ursprung hat das Einbalsamieren im alten Ägypten. Dort wurden Pharaonen mumifiziert. Hierzu entnahm man den Königen die Organe, legte diese in Salze, Honig und andere Stoffe ein und erreichte so eine Haltbarkeit des Leichnams. Das ist heutzutage nicht mehr erlaubt. Wir führen Einbalsamierungen beispielsweise vor Überführungen eines Verstorbenen ins Ausland durch. Das ist oft aus hygienischen Gründen gesetzlich vorgeschrieben. Manchmal wenden wir die Technik des Einbalsamierens auch an, wenn es für einen Verstorbenen und seine Familie notwendig ist: Zum einen, um ihm seine Würde zurückzugeben, zum anderen, um der Familie einen Abschied am offenen Sarg zu ermöglichen, der sie auf ihrem Weg der Trauer positiv begleiten kann.

SÄRGE

KNAPPE KISTE

„Neuer Sterbefall!“, rief ich Tobi zu, der gerade das letzte Stück seiner Brezel aß. „Kam gerade aufs Handy.“

Conrad Zimmermann, gestern gestorben im Klinikum. Ganz normal so weit – bis mir auf einmal eine kleine, aber entscheidende Randnotiz ins Auge stach: „ACHTUNG! 180 Kilogramm. Bitte zu viert abholen.“

Ich musste schlucken.

Nicht im Traum können wir zu viert kommen, wir haben gerade keine Leute dafür, überlegte ich.

„Wo müssen wir abholen?“, fragte Tobi, der inzwischen zu Ende gegessen hatte.

„Klinikum, aber 180 Kilo“, erwiderte ich.

Er kratzte sich nachdenklich am Kopf. „Das schaffen wir irgendwie.“

Ich nickte nur.

Am nächsten Tag waren wir unterwegs in Richtung Klinikum. Vorher mussten wir aber einen Sarg in Überbreite abholen, eine Sonderanfertigung. Im Lager angekommen, sprang ich aus dem Auto, um zu sehen, ob der Sarg schon fertig war. Ich lugte durch die Tür in die Werkstatt: Der letzte Griff wurde gerade festgeschraubt. Fertig zum Einladen.

Ich drehte mich gerade um, weil ich Tobi Bescheid geben

wollte, als ich einen lauten Knall und ein noch lauteres Fluchen hörte. Erschrocken drehte ich mich zurück – und da sah ich das Unglück: Der Sarg war von den Stützen, auf denen er zum Bearbeiten gestanden hatte, heruntergekracht. Ungläubig starrte ich auf die Trümmer auf dem Werkstattboden.

Das gibt es doch nicht!, dachte ich. Wir waren sowieso schon unter Zeitdruck, da die Familie am nächsten Tag einen Abschied am offenen Sarg wollte. Die Abholung musste unbedingt heute stattfinden, schließlich stand das Versorgen auf dem Programm.

„Wie lange braucht ihr, um das wieder hinzubekommen?", fragte ich einen der Männer des Sarglieferanten.

Er kratzte sich am Kopf. „Mindestens zwei Stunden."

Ein Blick auf die Uhr verriet mir: Das war eine ganz schön knappe Kiste. Wortwörtlich.

„Okay, dann bis später", verabschiedete ich mich frustriert.

Schnellen Schritts eilte ich zum Leichenwagen, wo ich Tobi die schlechte Nachricht überbrachte.

„Aber das Klinikum wartet auf uns!", sagte er.

„Ich weiß. Wir können allerdings nichts daran ändern", antwortete ich und zog das Handy aus der Tasche, um im Krankenhaus und im Bestattungsinstitut Bescheid zu geben.

Nach zwei weiteren Stunden war der Sarg repariert, und wir rasten in die Klinik. Dort angekommen, eilten wir zum Empfang, um die Papiere abzuholen und die Rechnung zu bezahlen.

„Das wären dann die Kühlkosten und die Leichenschaugebühren", erklärte uns die Dame hinter dem Tresen. „Zusammen 340 Euro."

„Super, das passt", sagte ich mit Blick auf die Unterlagen. „Tobi, gibst du mir mal die Kasse?"

Er blickte mich an, als hätte ich mich in eine tanzende Kuh verwandelt.

„Kasse?", fragte er ungläubig.

„Ja, ich hab dir doch vorhin noch gesagt, dass du die Kasse mitnehmen sollst."

Tobi glotzte weiter Löcher in die Luft.

Ich lächelte unsicher. „Das Geld? Tobi?"

„Nee." Er schüttelte den Kopf. „Daran erinnere ich mich nicht."

Ich nahm einen sehr tiefen und langen Atemzug. Meine Laune, die sonst eigentlich immer gut ist, ratterte um fünf Etagen in den Keller. Nun war ich langsam wirklich gestresst. Wir mussten heute alles erledigen! Am nächsten Tag um neun Uhr morgens sollte der Abschied sein. Es war bereits kurz nach eins, und wir hatten nicht mal den Leichnam!

Ich versuchte mein Bestes und startete eine Charme-Offensive. „Das geht doch bestimmt auch auf Rechnung, oder?", fragte ich mit einem hoffentlich umwerfenden Lächeln.

„Nein", sagte die wenig empfängliche Dame vom Empfang.

Mist, dachte ich im Stillen und konnte sehen, dass Tobi ähnliche Gedanken durch den Kopf gingen.

Kurzerhand nahm ich erneut das Handy und rief in der Zentrale an, um in der Buchhaltung nach einer Lösung zu fragen, auch wenn ich mir ziemlich sicher war, dass es keine gab. Doch gerade als jemand ranging, hörte ich wieder die Stimme der Empfangsdame.

„Hey, Sie da! Wir können es anscheinend doch auf Rechnung machen, sagt die Kollegin. Da haben Sie aber Glück gehabt."

Mir fiel ein Stein vom Herzen. Wir schnappten uns die Papiere samt der Rechnung, holten unseren riesengroßen Sarg und hasteten in Richtung Pathologie. Dort suchte ich erst mal die richtige Kühlzelle.

„Da! Zimmermann. In der vier", rief ich Tobi zu.

Er griff zur Tür der Kühlzelle, öffnete sie und rief: „Oh." Dann fing er an, hysterisch zu lachen.

„So schlimm?", wollte ich wissen.

„Schau selbst", kam es zurück.

Also warf ich einen Blick hinein. Was ich sah, ließ mir kurz die Knie weich werden: Der Mann war riesig und so schwer, dass wir ihn unmöglich zu zweit tragen konnte.

„Wir hätten wirklich zu viert kommen sollen", murmelte ich und schloss die Tür der Zelle wieder.

Was sollte ich tun? Eine Lösung musste her, möglichst unbürokratisch und kreativ, denn uns lief die Zeit davon.

„Das muss irgendwie gehen. Rumstehen und beklagen hilft jetzt auch nichts", sprach ich meine Gedanken laut aus.

Tobi rieb sich die Hände. „Also, los geht's!"

Gemeinsam versuchten wir, den Verstorbenen aus der Kühlzelle auf den Hubwagen zu ziehen. Vergeblich. Er war so dick, dass er nicht mal durch die viereckige Öffnung der Kühlzelle passte. Wie hatten sie ihn denn reingekriegt?!

„Auf drei. Eins, zwei ... und drei!"

Nichts, er passte einfach nicht durch. Ich drückte mich verzweifelt mit den Füßen an der Wand der Zelle ab, während ich mir alle Mühe gab, mit beiden Händen die Edelstahlmulde, in der der Verstorbene lag, herauszuziehen.

„Okay, jetzt noch mal mit aller Kraft. Eins, zwei und ... DREIII!"

Gemeinsam zogen wir, so stark wir konnten, und diesmal klappte es. Plötzlich gab der Widerstand nach, und der Verstorbene schoss beinahe aus der Kühlzelle. Nur im allerletzten Moment konnten wir verhindern, dass er auf den Boden stürzte. Gut, Schritt eins war geschafft.

Erst jetzt sah ich, wie korpulent der Tote wirklich war.

„Ich hätte nicht gedacht, dass wir das hinkriegen", keuchte ich zu Tobi hinüber, der sich die Schweißperlen von der Stirn wischte.

Er stimmte mir zu. „Ich auch nicht."

Als Nächstes stand die Umbettung in den Sarg bevor. Ich hoffte inständig, dass es nicht ganz so schwer werden würde – auch wenn mir natürlich klar war, dass ich gegen die Gesetze der Physik nichts ausrichten konnte.

„Noch einmal Zähne zusammenbeißen!" Ich nickte Tobi zu, und mit vereinten Kräften zogen wir Herrn Zimmermann über die Kante in den Sarg, wo er schließlich mit einem dumpfen

Aufprall liegen blieb. Die Umbettung war geschafft.

Zum Glück sind wir unter uns, dachte ich. So richtig schön war das nämlich nicht, was wir mit dem armen Mann veranstalteten. Es ging aber leider nicht anders.

Ich fühlte mich erleichtert, das Schlimmste hatten wir hinter uns ... dachte ich. Doch das nächste Problem ließ nicht lange auf sich warten: Das Sargoberteil ließ sich nicht schließen. Herr Zimmermann war einfach zu dick.

„Das auch noch", stöhnte ich, während ich drückte und an allen Ecken und Enden zog. Vergebens.

Ob ich mich aufs Sargoberteil setzen sollte? Wie beim Packen für den Urlaub, wenn der Koffer nicht zuging?

Nee, keine gute Idee.

„Ich glaube, wir haben nur eine Möglichkeit", sagte Tobi.

„Und welche?"

„Du legst dich auf das Oberteil und drückst es so nach unten, ich drehe die Schrauben rein. Was Besseres fällt mir nicht ein."

Oh Mann, die Idee mit dem Koffer hatte ich doch gerade erst verworfen!

Ich überlegte kurz, stimmte Tobi aber schließlich zu.

„Es geht nicht anders", kommentierte ich achselzuckend.

Die nächsten Momente gehören zu den bemerkenswertesten meines bisherigen Lebens. Ich legte mich flach auf das Sargoberteil und versuchte, mich extra schwer zu machen. Es reichte gerade so.

Während Tobi die Schrauben reindrehte, dachte ich mir: Was hast du nur für einen abgefahrenen Job?! Du liegst gerade auf einem Sarg in der Pathologie eines Krankenhauses und drückst mit deinem gesamten Gewicht nach unten.

Ich konnte nicht anders: Ich musste lachen.

„Alles klar bei dir?", wollte Tobi wissen.

„Mach hin!", erwiderte ich kichernd. „Ich will endlich weg hier."

Zwei weitere Schrauben, dann rief Tobi: „Erledigt!", und wir konnten gehen.

VIER BRÜDER

Es war ein frostiger Mittwochnachmittag irgendwann im Februar. Auf dem Plan stand eine Abschiednahme am offenen Sarg. Der Tote, der beim Fußballspielen einfach umgekippt und binnen kürzester Zeit an den Folgen eines Herzinfarkts verstorben war, hinterließ vier Söhne, die nur ein paar Jahre älter waren als ich. Wir hatten bereits alles vorbereitet, der Verstorbene war versorgt, die Trauerhalle geschmückt. Nun warteten wir auf die Familie.

Ich saß gerade am Rechner und bearbeitete mithilfe von Photoshop ein Bild für eine Traueranzeige, als ich durch die Fensterscheibe sah, wie sich vier junge Männer dem Eingang des Büros näherten. Bereits auf den ersten Blick erkannte ich, dass sie gegen die Tränen ankämpften.

Ich öffnete ihnen die Tür. „Guten Tag. Wie kann ich Ihnen helfen?“

„Uns ist nicht mehr zu helfen“, murmelte einer der Männer bedrückt.

Ich hätte mich ohrfeigen können für meine blöde Frage. Zum Glück hatten die vier Brüder gerade andere Sorgen.

„Wir sind wegen unserem Vater hier“, sagte der größte der vier. „Wir möchten ihn noch ein letztes Mal sehen.“

Schon quollen ihm Tränen aus den Augen. Er wischte sie nicht weg, sondern ließ sie einfach über die Wangen laufen.

Ich führte die Männer in die Trauerhalle, wo der Tote bereits in seinem Sarg lag. Er sah aus, als würde er friedlich schlafen.

„Wenn Sie wollen, können Sie noch etwas in den Sarg hineinlegen oder etwas darauf schreiben.“

Dankbar blickten sie mich an.

Ich wollte mir nicht vorstellen, wie es sich wohl anfühlte, den Vater zu verlieren. Von einem Moment auf den anderen war nichts mehr so, wie es vorher gewesen war.

Die Söhne standen am Sarg und weinten. Zwei ganz leise, beinahe lautlos, die beiden anderen ließen ihrem Kummer freien Lauf. Ich hielt mich im Hintergrund und gab ihnen den Raum, den sie brauchten.

Nach einigen Minuten traten die jungen Männer vom Sarg zurück.

„Wir sind so weit“, sagte der älteste.

„Dann schließe ich jetzt den Sarg. Für die Trauerfeier war ja eine Verabschiedung mit geschlossenem Sarg gewünscht."

Ich ging gerade zum Oberteil und wollte es aufheben, da kam mir eine Idee. Vielleicht würde es den Söhnen des Verstorbenen guttun, wenn sie selbst mit anpackten.

„Wollen Sie mir helfen?"

Die vier schauten mich einen Moment lang an.

„Geht das denn?", fragte derjenige von ihnen, der am jüngsten aussah.

„Natürlich. Wenn Sie wollen."

Sie wechselten Blicke miteinander, dann nickten sie. Dabei wirkten sie beinahe erleichtert. Gemeinsam legten wir das Oberteil auf den Sarg. Ich erklärte den Männern, wo die Schraublöcher waren, und schaute ihnen dabei zu, wie sie die Schrauben im Holz versenkten. Jeder übernahm ein paar, dann gab er den Akkuschrauber an seinen Bruder weiter. Es war ein intimer, schöner Moment der Verbundenheit und des Abschieds. Ich bekam eine Gänsehaut. Es war ganz offensichtlich, dass mein Vorschlag den Brüdern tatsächlich half, sich von ihrem geliebten Vater zu verabschieden. Manchmal muss man eben unkonventionelle Wege gehen.

Q&A – SCHON GEWUSST?

Bauen Bestatter die Särge selbst?

Das war früher tatsächlich so. Schreiner bauten die Särge und bestatteten die Verstorbenen auch gleich. Heute ist das anders, es gibt Sargfabriken. Das heißt, wir bauen unsere Särge nicht selbst, da würden wir auch gar nicht mehr hinterherkommen mit der Arbeit. Das Design und die Fertigung überlassen wir lieber den Profis, denn inzwischen sind Särge manchmal wahre Kunstwerke.

Warum werden Särge zugeschraubt?

Damit nichts rausfallen kann. Kein Spaß, das ist wirklich so! Beim Transport im Leichenwagen könnte es ja auch mal holprig werden. Aus Sicherheitsgründen ist der Sarg also verschraubt.

Kommen Menschen zum Probeliegen vorbei?

Ja, das kommt vor. Es interessiert die Leute, wie es sich anfühlt, in einem Sarg zu liegen. Das war sogar bei einem Familienmitglied so. Ein Onkel von Johannes, Herbert, hatte Krebs und wusste, dass er sterben würde. Kurz nach der Diagnose war er im Institut, suchte sich einen Sarg aus und legte sich zur Probe hinein. Das war ein wenig merkwürdig, weil wir ja alle wussten, dass es kein theoretisches Probeliegen war, sondern bald schon Wirklichkeit werden würde. Zwei Monate später schlief er für immer ein, und wir konnten uns sicher sein, dass er bequem lag. Er hatte es ja getestet.

Habt ihr schon mal in einem Sarg geschlafen?

Geschlafen nicht, aber reingelegt haben wir uns schon. Ehrlicherweise ist es ziemlich bequem. Im Sarg befinden sich eine dünne Matratze und ein Kissen, die machen es sehr kuschelig und gemütlich. Viele Menschen haben panische Angst davor, aber es ist wirklich nicht schlimm. Selbst als das Sargoberteil aufgelegt wurde, der Sarg also geschlossen war, fanden wir es eher entspannt als gruselig.

Gibt es Spezialanfertigungen für sehr dicke oder große Menschen?

Es gibt für so ziemlich jede Körperform Särge, also auch für Übergewicht oder Übergröße. Und falls es doch mal nicht passen sollte, kann jederzeit ein geeigneter Sarg für den Verstorbenen angefertigt werden.

Dürfen auch mehrere Tote in einen Sarg?

Nein, beim Bestatter bucht man immer ein Einzelzimmer. Zum einen gibt es gar keine Paarsärge, zum anderen ist es nicht erlaubt. Wobei es eine Ausnahme gibt: Wenn eine Mutter mit ihrem Baby stirbt, darf der Säugling mit in den Sarg.

Darf der Sarg bemalt oder verziert werden?

Auf jeden Fall! Bei uns im Institut haben Familien die Möglichkeit, den Sarg zu bemalen. Das wird oftmals dankend angenommen, gerade wenn es Enkelkinder gibt. Einmal wurde sogar der leere Sarg übers Wochenende mit nach Hause genommen und am Montag bunt verziert wieder zurückgebracht. Es ist eine schöne und sehr persönliche Art, Abschied zu nehmen.

Auch Onkel Herbert hatte eine tolle Idee für seine Beerdigung. Er suchte sich einen schlichten Sarg aus Pinienholz aus – unlackiert, handgearbeitet – und wünschte sich, dass die Gäste auf seiner Beerdigung nicht in ein Kondolenzbuch schrieben, sondern seinen Sarg beschrifteten. Diesen Wunsch erfüllten wir ihm bei der Trauerfeier ein paar Monate später: Freunde und Bekannte standen in einer langen Schlange an, um ihre letzten Grüße an Herbert auf den Sarg zu schreiben. Am Schluss war nicht mehr viel vom Holz zu sehen – und Herbert durfte seine letzte Reise in Begleitung unzähliger Botschaften antreten.

Was kann man alles zu den Toten in die Särge legen?

Als Sargbeigaben haben wir schon die verrücktesten Dinge gesehen: Bonbons für die Hosentasche (damit Vati noch was Süßes zum Naschen hat), Zigarren und Bier (für den ewigen Genießer), eine Angelrute (damit er auf dem Fluss der Ewigkeit vielleicht noch einen dicken Fang macht) und einen toten Hund, der zwei Tage nach seinem Herrchen aus Trauer solidarisch mitgestorben war. Den durften wir leider nicht im Ganzen beilegen, da Mensch und Tier bei der Bestattung strikt getrennt sind – seine Asche aber schon.

SIX FEET UNDER

Bestattungen sind die letzte irdische Möglichkeit, von einem Verstorbenen Abschied zu nehmen – deswegen sollte auch so wenig wie möglich schiefgehen. Die Betonung liegt hier auf dem kleinen Wörtchen „sollte“, denn manchmal werden auch wir nicht von kleineren oder größeren Missgeschicken verschont.

BESTATTUNGEN

HINTERLASSENSCHAFT

Am Ende einer stressigen Woche sollten wir eine Aussegnung im ländlichen Burgfarrnbach organisieren. Darunter versteht man eine Zeremonie, bei der die Angehörigen eines Verstorbenen am geöffneten Sarg in aller Ruhe Abschied nehmen, begleitet durch einen Geistlichen. Das alles geschieht unmittelbar nach dessen Ableben, also noch im Sterbezimmer.

Wir standen unter Strom, da die Familie sowohl den Arzt als auch den Pfarrer für die Aussegnung bereits bestellt hatte. Tobi und mir blieben gerade einmal fünfzig Minuten, um den Toten herzurichten, in den Sarg zu legen und die Aussegnung vorzubereiten – inklusive Anfahrt. Wie das eben so war: Nicht mal im Tod hörte der Stress auf. Zum Glück waren wir inzwischen ein eingespieltes Team, sodass jeder Handgriff saß.

Dachten wir zumindest.

„Nicht so schnell, Chef", stöhnte Tobi, während wir den schweren Eichensarg durch das schmale Treppenhaus in den ersten Stock schleppten.

„Uns bleibt nicht mehr viel Zeit!", erwiderte ich angespannt. „Die Familie wartet, und der Pfarrer muss gleich danach weiter."

Wir stellten den Sarg neben das Bett des Verstorbenen und

begannen mit der Versorgung. Entkleiden, desinfizieren, waschen, tamponieren, Anzug an, Mund verschließen und fertig. Das ging ja wirklich mal flott. Da konnte sich Hochwürden nicht beschweren.

Wir richteten den Sarg in einer Ecke des Wohnzimmers ein, lüfteten kurz durch und verliehen dem Raum mit einer Kerze eine gewisse Feierlichkeit.

„Herr Pfarrer, wir wären dann so weit", rief ich leise in die Küche.

Dort hatten sich alle versammelt – wie meistens. Die Leute wissen einfach nicht, wohin mit sich, wenn der Bestatter im Haus ist.

Wir stellten uns stillschweigend neben den Sarg, und mit einem gemeinsamen Vaterunser begann die Liturgie. Als Bestatter folgt man eher selten den geistlichen Worten, sondern kontrolliert lieber noch einmal, ob mit dem Verstorbenen alles passt und bei den Hinterbliebenen alles in Ordnung ist.

Ich ließ meinen Blick also über den Toten im Sarg wandern – und erstarrte plötzlich zur Salzsäule. Was lag denn da neben dem Kopf des Leichnams auf dem weißen Kissen?

Ein zusammengeknülltes Paar Latexhandschuhe.

Herr im Himmel, Tobi! Hatte dieser Träumer seine Handschuhe nach dem Ausziehen wirklich neben den Verstorbenen gelegt? Ich war fassungslos und beschämt zugleich. Hoffentlich sah das keiner.

Ich zermarterte mir das Hirn, wie ich die Dinger loswerden könnte, und verwarf die Idee, die Zeremonie durch irgendeine

Aktion in der anderen Zimmerecke zu unterbrechen und die Aufmerksamkeit vom Toten wegzulenken. Das hätte niemals funktioniert und wäre außerdem alles andere als pietätvoll gewesen. Das Paar Handschuhe war das aber auch nicht. Am Ende entschied ich mich dafür, das Übel einfach zu ignorieren, und hoffte inständig, meine Haltung würde sich auf die anwesenden Trauernden übertragen.

Wir hatten Glück im Unglück. Die Handschuhe waren weiß und halbtransparent und fielen niemandem außer mir auf. Tobi las ich aber gehörig die Leviten, als wir wieder im Auto saßen.

AUS DIE MAUS

„Pass mit der Baggerschaufel auf! Wir haben hier nicht viel Platz“, rief ich Henrik durch den Nebel zu, der frühmorgens über den Friedhof waberte.

Ich mag diese Stimmung der ersten Herbsttage. Der Boden und alles um einen herum ist noch warm vom Sommer, aber der Herbst schickt in der Nacht die erste Kälte. Es war Punkt 6.00 Uhr, und wir waren bereits in Aktion. Schweiß lief mir über die Stirn, denn gerade war ich dran mit Schaufeln. Henrik und ich wechselten uns bei jedem Grab ab. Einmal musste er mit der Schaufel ran, das nächste Mal ich. Der andere saß im Bagger und war für die groben Arbeiten zuständig. Bei diesem spannenden Fall durfte ich die Schaufel schwingen.

Neben mir stand Kellermann und kritzelte Notizen in sein zerfranstes Notizbuch. Eine Kippe steckte ihm im Mundwinkel, die Wumme hing am Gürtel – er war Bulle durch und durch.

„Ist ja gut, Chef! Ich mach das hier nicht zum ersten Mal“, brüllte mir Henrik aus der kleinen Baggerkabine zu.

Ich ließ ihn einfach machen. Vor Kurzem hatte er zwar den Grabstein eines Nachbargrabes um zwanzig Zentimeter gekürzt, aber angesichts der Dringlichkeit unseres heutigen Falls beschloss ich, dass ich das riskieren musste.

Die Mordkommission Fürth hatte die Exhumierung einer Leiche angeordnet, da der dringende Verdacht bestand, dass die Todesursache keine natürliche gewesen war. Sprich: Die Person war wahrscheinlich ermordet worden, nur hatte das vorher keiner bemerkt.

Aus diesem Grund standen wir nun hier. Kellermann rauchte, Hendrik baggerte, ich schwang die Schaufel, und der Friedhofswärter Lennox schaute zu und spielte Taschenbillard.

Tiefer und tiefer drang Henrik mit der hydraulischen Schaufel in das Erdreich vor und leerte die lehmige Erde auf einen Haufen direkt neben dem Grab. Hier und da sah man Knochen den Erdhügel hinunterpurzeln oder einen alten Sarggriff aus dem Lehm schauen, aber das war normal. Es war schließlich kein Tomaten- oder Radieschenbeet.

„Machen Sie langsam“, raunte Kellermann, „man kann den Sarg schon sehen.“

Nun kam mein eigentlicher Einsatz. Ich sprang ins Grab und legte den Sarg so weit frei, dass Henrik ihn mit der Schaufel greifen konnte. So sparte man sich viel Arbeit und Mühe, denn der Bagger konnte den Sarg mit seinen geschätzten 120 Kilo Gewicht locker emporheben.

Das war zumindest der Plan, doch die Realität sah anders aus ...

Als Henrik die Holzkiste mit der Schaufel zu greifen bekam und sie gerade auf die Plane neben dem Grab heben wollte, brach der morsche Sarg einfach auseinander. Es war wie in einem schlechten Film: Der Leichnam purzelte durch die Luft und landete mit einem dumpfen Geräusch auf dem Nachbargrab.

„Na super." Mehr hatte Kellermann nicht zu sagen.

Lennox griff zu seinen Handschuhen.

„Ich helf euch, wartet", rief er, während ich eilig eine Bergungshülle aus dem Leichenwagen holte.

Bei Exhumierungen für die Polizei und bei Unfällen verwenden wir oft diese Hüllen, um Flüssigkeiten aufzufangen oder eben alles „beieinander"zuhalten.

Gemeinsam beförderten wir die sterblichen Überreste in die Bergungshülle, zogen den Reißverschluss zu und hievten alles in unseren Transportsarg. Es war schon irgendwie seltsam: Vor fünf Jahren hatte ich die verstorbene Frau bestattet, und nun mussten wir ihre Ruhe stören. Irgendwie tat sie mir leid. Ich hätte sie gern in knapp zwei Metern Tiefe weiterschlafen lassen.

„Was ist los, Chef?", rief Henrik in meine Richtung.

Anscheinend hatte ich mich in Gedanken verloren, doch die anderen drängten. Kellermann wollte die sterblichen Überreste so schnell wie möglich in die Gerichtsmedizin Erlangen bringen lassen, Henrik das Grab provisorisch schließen und Lennox mit seinem Billard weitermachen.

„Sorry", murmelte ich. „Ich war gerade woanders."

Wir luden den Sarg ins Auto, erledigten mit Kellermann die Formalitäten und packten unsere Sachen zusammen. Der Kriminalkommissar stieg in seinen alten Mercedes SL und brauste Richtung Erlangen davon.

„Geile Karre", raunte mir Henrik zu. „Hätte ich auch gern, kostet aber ein Vermögen."

Wir standen noch kurz um das Grab herum und plauderten – auch, um das Erlebte zu verarbeiten –, als hinter der Friedhofsmauer plötzlich eine kleine Maus erschien und auf uns zuflitzte. Die hat ja gar keine Angst, dachte ich mir, während Lennox schreiend davonrannte und sich hinter einer knorrigen Eiche versteckte.

Moment mal. Eben noch hatten wir eine fünf Jahre alte Leiche aus ihrem Grab gehoben, da hatte der Friedhofswärter nicht mal gezuckt. Und nun hatte er Angst vor Mäusen? Henrik und ich konnten nicht mehr an uns halten und prusteten los. Da hatte Lennox in seinem Leben schon Hunderte von toten Körpern gesehen, aber ein süßes, kleines Mäuslein konnte ihn verjagen! Es gibt eben nichts, was es nicht gibt.

Q&A – SCHON GEWUSST?

Wo kann man sich überall bestatten lassen?

Neben der traditionellen Bestattung auf dem Friedhof gibt es mittlerweile eine ganze Reihe von Möglichkeiten, wie ein Verstorbener zur letzten Ruhe gebettet werden kann. Dazu zählen Bestattungen auf See, in Ruheforsten (Baumbestattungen) oder in Gedenkstätten, aber auch anonyme Ruhestätten. In den USA sind auch Weltraumbestattungen möglich, wenn das nötige Kleingeld vorhanden ist.

Muss ein Bestatter die Gräber selbst schaufeln?

Muss er nicht, wir haben das früher aber tatsächlich gemacht. Es ist echte Knochenarbeit, ein Grab mit reiner Muskelkraft auszuheben. Der Erdaushub wiegt gern mal bis zu fünf Tonnen, deshalb haben wir uns einen Friedhofsbagger gekauft, eine befriedigende Lösung war das aber auch nicht. Nach unzähligen Stunden Baggern und vielen Hundert Gräbern haben wir ihn wieder verkauft. Nun graben die Gemeinde oder die Stadt wieder die Gräber. Und das ist gut so.

Darf die Trauerfeier auch an ungewöhnlichen Orten abgehalten werden?

Na klar, da kann man tatsächlich kreativ sein. Vor Kurzem verstarb ein bekannter Tanzlehrer aus der Gegend. Die Angehörigen wünschten sich für die Lehrer der Tanzschule und die engen Freunde einen vertrauten Rahmen für den Abschied. Also haben wir kurzerhand den Tanzsaal zur Trauerhalle umfunktioniert. So konnte die Trauergemeinde in persönlicher Atmosphäre an den geöffneten Sarg herantreten, um Auf Wiedersehen zu sagen.

Darf man dem Sarg Beigelegtes im begründeten Notfall wieder rausholen?

Man sollte sich schon vorher überlegen, ob man Opa als Beigabe seine Rolex mitgeben möchte oder nicht. Denn wenn der Sarg erst einmal in der Tiefe ruht, darf man nichts mehr herausholen. Das wäre Grabschändung und Störung der Totenruhe.

Wie tief muss ein Sarg vergraben werden - und warum?

Die Oberkante des Sarges muss mindestens 90 Zentimeter mit Erde bedeckt sein, in den meisten Fällen ist ein Grab aber 1,80 bis 2,40 Meter tief. Das nennt man „doppeltief", denn es ermöglicht die Beisetzung eines weiteren Sarges auf dem ersten. Die 90 Zentimeter Mindesttiefe bis zum Sargoberteil rühren daher, dass kein Verwesungsgeruch an die Oberfläche dringen soll, da sonst Tiere angelockt werden könnten. Außerdem ist der Sarg so weit unten, dass er nicht schnell mal ausgebuddelt werden kann.

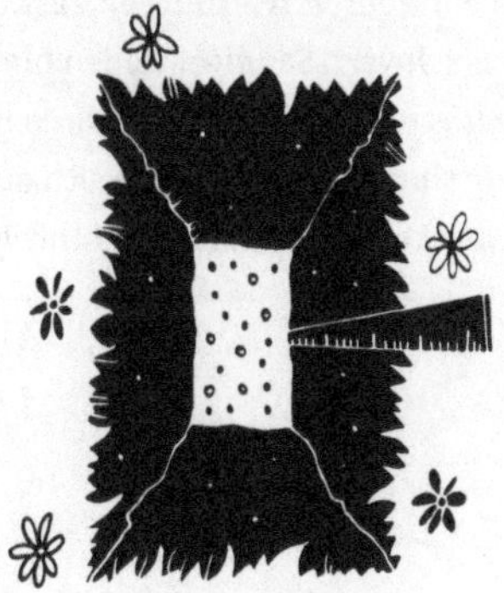

Wie sieht ein Leichnam nach einem Jahr, nach zehn und nach zwanzig Jahren aus?

Das kommt natürlich auf die Bestattungsart an. Bei einer Feuerbestattung gibt es keinen großen Unterschied mehr – Asche bleibt Asche. Bleiben wir aber mal ernst und bei den Erdbestattungen.

Mit dem Tod eines Menschen beginnt der Prozess der Verwesung. Zuerst trocknen die Feuchtbereiche aus (Augen, Mund, Lippen, Schleimhäute etc.), dann beginnen verschiedene Enzyme, die abgestorbenen Körperzellen aufzulösen. Diesen Prozess nennt man Autolyse. Die inneren Organe fangen an, sich zu verflüssigen, und es bildet sich Verwesungsgeruch. Die Dauer der Verwesung hängt unter anderem davon ab, wie viel Sauerstoff zur Verfügung steht (der beschleunigt den Prozess) und ob es warm oder kalt ist. Eine warme Umgebungstemperatur trägt zu einer schnelleren Verwesung bei.

In einem Erdgrab wird der Verwesungsprozess durch Lehm oder Wasser im Boden erschwert. Sandiger Boden hingegen begünstigt die Verwesung, sodass nach fünf bis zehn Jahren nur noch Sargteile und Knochen übrig sind. Bis die Knochen sich auflösen und demineralisiert sind, dauert es aber mindestens fünfzig bis sechzig Jahre.

FEUERBESTATTUNGEN

OMAS LETZTE REISE

Udo, ein Freund von mir, sprach jahrelang davon, dass er seine Oma Trude mit nach Schottland nehmen wolle. Er selbst war absoluter Fan des Landes und schon mehrfach dort gewesen. Jahr für Jahr versuchte er, seine Oma zu der Reise zu überreden, aber immer kam etwas dazwischen: mal ihre Hüft-OP, mal ihre Flugangst. Egal was Udo auch versuchte, seine Oma entging der Reise nach Schottland stets.

Dann wurde sie krank, und der gemeinsame Trip wurde erneut verschoben. Über viele Jahre kämpfte sie gegen den Krebs, und immer, wenn Udo sie besuchte, sprachen sie über ihre Reise nach Schottland. Sobald Trude wieder fit war, wollte sie unbedingt mit ihrem Enkel in das Land seiner Träume reisen. Sie malte sich aus, wie sie durch Edinburgh flanierten, Loch Ness besuchten und einem echten Schotten unter den Quilt lugten. „Ich werde gesund, und dann geht es los! Diesmal wird uns nichts abhalten“, sagte Oma Trude immer wieder.

Ihr Gesundheitszustand verbesserte sich. Die Chemo schlug an, und die anschließende Reha ließ die alte Dame wieder zu Kräften kommen. Sie war auf einem guten Weg, und Udo sah sich schon die Flugtickets buchen.

Doch dann geschah das Unfassbare. Udo bekam einen Anruf aus dem Pflegeheim, in dem Oma Trude inzwischen lebte.

Sie sei in der Nacht vollkommen überraschend und friedlich eingeschlafen.

Udo war am Boden zerstört. Seine Oma war wie eine Mutter für ihn gewesen – und er hatte sich über eine so lange Zeit auf die gemeinsame Reise gefreut. Er saß mir im Bestattungsinstitut gegenüber, tieftraurig und in Tränen aufgelöst.

„Ich wollte ihr so gern Schottland zeigen“, schniefte er verzweifelt. Ich kam mir hilflos vor. So gern hätte ich meinem Freund seinen innigsten Wunsch erfüllt. Als wir kurz darauf in unserer Urnenausstellung standen, kam mir eine Idee: „Udo, ich kann dir deine Oma nicht zurückbringen. Aber ich kann vielleicht dafür sorgen, dass du sie mit nach Schottland nehmen kannst.“ Ich erklärte ihm, dass es in Schottland einen Friedhof direkt an den Klippen gibt, wo man die Asche in den Wind streuen kann. Während er mir zuhörte, hellte sich sein Gesicht auf. Er schlug mir dankbar auf die Schulter: „Johannes, das ist die Idee!“

Oma Trude wurde kurz darauf kremiert, und zwei Wochen später stieg Udo in einen Flieger. Mit an Bord: Oma Trude in der Urne. Er nahm sie mit nach Schottland, zeigte ihr all die Orte, die ihn so beeindruckten und überließ die Asche am Ende der Reise über den Klippen dem Wind.

„So darf sie in Schottland bleiben, und ich kann sie jederzeit besuchen“, erzählte er mir nach seiner Rückkehr. Schön, dass die alte Dame doch noch an ihrem Reiseziel angekommen ist.

Q&A – SCHON GEWUSST?

Was unterscheidet eine Feuerbestattung von einem Erdbegräbnis?

Bei einem Erdbegräbnis wird der Sarg mit dem Verstorbenen darin in die Erde gelassen, um sich im Laufe der kommenden Jahre „aufzulösen". Das heißt, sowohl die Materialien des Sarges als auch die sterblichen Überreste werden von Mikroorganismen, Bakterien und Insekten in der Erde zersetzt. Immer mehr Menschen missfällt jedoch die Vorstellung, langsam zu verwesen, deshalb entscheiden sie sich für eine Einäscherung. Im Anschluss müssen sich die Angehörigen über den Verbleib der Asche Gedanken machen: Soll sie beigesetzt werden, beispielsweise auf einem Friedhof oder in einer Ruhestätte, oder bei einer Seebestattung auf dem Meer verteilt werden? Die Beisetzungsformen sind hier vielfältiger.

Wie viel Prozent der Menschen werden in Deutschland eingeäschert?

Ziemlich viele und mehr, als so mancher denkt. Bei einer Erhebung im Jahr 2019 wurde ermittelt,[3] dass sich bundesweit 75 Prozent der Verstorbenen einäschern lassen. In den Jahren davor lag der Wert noch bei unter 70 Prozent. Der Trend geht also eindeutig zum Feuerbestatten, allerdings nur bei den Erwachsenen. Etwa 80 Prozent der Kinder und Babys werden erdbestattet, da die Eltern sie nicht dem Feuer übergeben wollen. Bei älteren Verstorbenen kommt das den meisten Menschen inzwischen normal vor, doch bei Kindern bleibt es für viele zu abstrakt.

---

https://www.aeternitas.de/inhalt/aktuelles/meldungen/2020_08_31__11_02_55-Umfrage-ermittelt-fuer-2019-75-Prozent-Feuerbestattungen-in-Deutschland/show_data, abgerufen am 17.11.2021

Wie läuft eine Einäscherung eigentlich ab?

In einem Krematorium – also der Einrichtung, wo die Verstorbenen samt ihrer Särge verbrannt werden – gibt es mindestens einen, manchmal aber auch mehrere Öfen. Vor einer Feuerbestattung, die im Schnitt etwa eine Stunde dauert, wird der Sarg mithilfe einer Hebevorrichtung auf eine Schiene gesetzt. Anschließend öffnen sich die Ofentore, und der Sarg fährt langsam in die Flammen. Das tatsächliche Verbrennen des Sarges sieht man nicht, da der Ofen anschließend wieder verschlossen wird.

Als Angehöriger ist es möglich, der Feuerbestattung beizuwohnen. Manchmal, vor allem wenn ein Mensch plötzlich stirbt, können nahestehende Personen den erlittenen Verlust nur schwer realisieren. Da kann es hilfreich sein, wenn man sieht, wie der Sarg im Feuer verschwindet und der Verstorbene damit wirklich „geht". Doch dafür entscheiden sich nur wenige. Im Anschluss an das Verbrennen wird die Asche aus dem Auffangbehälter genommen und in eine verplombte Urne gegeben.

Wie lange dauert es, bis ein Sarg samt Verstorbenem verbrannt ist?

Die Verbrennung, die sogenannte Kremation, dauert in der Hauptverbrennphase etwa eine Stunde – egal wie schwer der Leichnam ist. Es kommt nämlich nicht auf das Fettgewebe an, sondern auf die Knochen. Nehmen wir an, wir haben zwei baugleiche Öfen, die nebeneinanderstehen. In den linken wird der 180 Kilo schwere Herr Zimmermann geschoben, in den rechten Oma Trude, die nur 60 Kilo wiegt, aber schwere Knochen hat. In dem Fall würde die Kremation bei Oma Trude länger dauern, obwohl sie nur ein Drittel wiegt.

Wie heiß brennt der Ofen, und womit wird er geheizt?

Im Inneren des Ofens herrschen Temperaturen zwischen 850 und 1600 Grad. Die meisten Öfen in den Krematorien werden mit Erdgas betrieben. Viele Feuerbestattungsanlagen speisen ihre Abwärme übrigens ins Netz der Kommune ein. Ja, richtig gelesen: Wir „heizen" in Deutschland auch mit Kremationen.

Warum wird der Sarg mitverbrannt?

Es wäre pietätlos, den Verstorbenen auf das Förderband zu legen und ihn in den Ofen fahren zu lassen ... Nein, das ist natürlich nicht der Grund. Der Sarg ist bei der Kremation vielmehr die Hauptenergiequelle. Ein Mensch besteht zu etwa 80 Prozent aus Wasser. Logisch, dass das nicht gut brennt, oder?

Werden die Verstorbenen nackt verbrannt?

Nein, in der Regel tragen sie ihre Kleidung oder ein Sterbehemd. Allerdings muss das Krematorium gute Filter haben, damit keine Schadstoffe in die Luft geblasen werden.

Stimmt es, dass sich manche Verstorbene im Ofen noch mal hinsetzen?

Ja, das stimmt tatsächlich. Hierfür gibt es aber eine logische Erklärung. Wenn ein Sarg in den etwa 1000 Grad heißen Ofen geschoben wird, ist der Verstorbene einer so großen Hitze ausgesetzt, dass dem Körper schlagartig das Wasser entzogen wird. Somit kann es passieren, dass sich der Leichnam noch einmal aufrichtet. Betonung auf kann – das passiert nämlich nicht immer.

Was passiert mit Zahngold?

Zahngold hat einen relativ niedrigen Schmelzpunkt, er liegt bei etwa 640 bis 670 Grad. Da bei einer Einäscherung bis zu 1600 Grad erreicht werden, schmilzt das Gold und haftet in der Regel an anderen Überresten an. Somit verbleibt es bei der Asche und wird mit in die Urne gefüllt.

Es gibt Menschen, die sich nicht einäschern lassen wollen, weil sie Angst davor haben, nicht wirklich tot zu sein und dann im Ofen aufzuwachen. Ist diese Sorge begründet?

Ganz klar: nein. In vielen Bundesländern gibt es nicht nur eine, sondern zwei Begutachtungen durch einen Arzt. Darüber hinaus vergehen zwischen der Feststellung des Todes und der Einäscherung Tage, manchmal sogar Wochen. Wäre man also tatsächlich „scheintot", würde man lange Zeit vor der Feuerbestattung im Kühlhaus des Bestattungsinstituts aufwachen – nicht im Verbrennungsofen. Außerdem gibt es vor der Einäscherung eine weitere Überprüfung, damit man absolut sicher sein kann, dass der Verstorbene wirklich tot ist. Übrigens: Früher (und zum Glück ist das schon lange her) ging der Arzt auf Nummer sicher, indem er dem Toten mit einem Messer ins Herz stach. Better safe than sorry!

Woher weiß man, dass man im Anschluss die richtige Asche bekommt?

Jedem Verstorbenen wird eine Nummer in den Sarg gelegt, meistens auf einem feuerfesten Material wie beispielsweise einem Schamottestein. Diese Nummer registrieren das Krematorium, die zuständige Stadtverwaltung und das Bestattungsinstitut. Damit wird sichergestellt, dass man nicht aus Versehen die falsche Asche beerdigt.

Wie viel kostet eine Verbrennung im Krematorium?

Inzwischen gibt es viele Krematorien, die privat geführt werden. Die Konkurrenz hat zur Folge, dass sich die Preisschraube nach unten gedreht hat. Das ist gut für die trauernden Familien, denn wo man früher mit gut 600 bis 700 Euro für eine Kremation rechnen musste, genügen heute rund 500 Euro. Aber aufgepasst: Das sind nur die Kosten des Krematoriums. Vorher findet ja meist eine Verabschiedung statt, und man benötigt auch noch einen Sarg. Je nach Ausführung muss man bei einer Feuerbestattung mit Kosten zwischen 3000 bis 6000 Euro rechnen.

Wie viel Asche bleibt bei einer Feuerbestattung übrig?

Es bleiben zwischen drei und fünf Kilo Asche, wenn ein erwachsener Verstorbener verbrannt wird. Oft werden wir gefragt, ob der Großteil der Asche nicht vom Sarg stammt, doch dem ist nicht so. Bei so hohen Temperaturen (bis zu 1200 Grad) verbrennt das Holz in der Regel komplett. Bevor die Asche in die Urne gefüllt wird, werden Metalle, Prothesen und so weiter herausgefiltert. Der Rest wird dann in einer Knochenmühle noch einmal gemahlen, sodass feine Asche herauskommt.

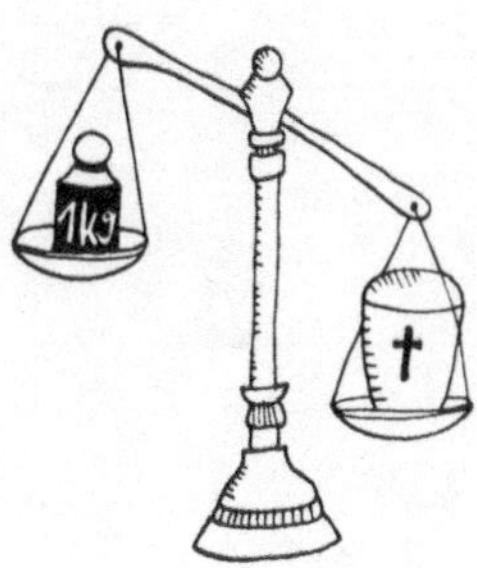

Kann man während der Verbrennung in den Ofen hineinschauen?

Ja, das geht. Auf der Rückseite des Ofens gibt es eine kleine Luke, durch die man ins Innere blicken und ein bisschen was erkennen kann, zum Beispiel ein paar Rippen oder den Schädel. Aber hauptsächlich sieht man Flammen.

Darf man die Asche mit nach Hause nehmen?

Das ist in Deutschland nicht erlaubt, es herrscht Friedhofszwang für Särge und Urnen. Die Gründe dafür liegen in unserer Kultur und Geschichte.

Darf Asche in eine Feuerwerksrakete gemixt und abgeschossen werden?

Jein. Eine Feuerwerksrakete ist nicht erlaubt, aber in Amerika gibt es Weltraumbestattungen. Dabei wird ein kleiner Teil der Asche mit einer Rakete ins All geschossen. Das ist zwar wahnsinnig teuer, aber möglich.

SEEBESTATTUNGEN

In Franken findet sich eine Menge: eine wunderschöne Natur, gute Weine, ein weltweit bekannter Christkindlmarkt, freundliche Menschen, rollende Rs ... aber eben keine Meere. Aus diesem Grund bieten wir selbst auch keine Seebestattungen an, das machen ohnehin nur Reedereien, die sich auf diese Art der Bestattung spezialisiert haben. Selbst wenn Franken nun also an der Nord- oder Ostseeküste läge (was wir sicherlich nicht bedauern würden), überließen wir die Sache mit der Bestattung im Wasser eher den Profis.

Dennoch wollen wir die Seebestattung nicht unerwähnt lassen. Schließlich ist sie eine besondere Form, die letzte Ruhe zu finden, und wird in den letzten Jahren immer beliebter.

Q&A – SCHON GEWUSST?

Kann man in Deutschland überall auf dem Wasser die Asche eines Verstorbenen verstreuen?

Nein, man darf nicht einfach zu einem Binnengewässer wie dem Rhein oder Bodensee gehen und die Asche ausleeren – auch der eigene Gartenteich ist keine Option. Seebestattungen werden hierzulande nur an der Nord- oder Ostsee durchgeführt. Bedingung ist, dass sie mindestens drei Seemeilen von der Küste entfernt stattfindet und beim „Bundesamt für Seeschifffahrt und Hydrographie" in Hamburg beantragt wurde. Bis 1975 war es übrigens nur Seeleuten möglich, ihre Asche im Meer beisetzen zu lassen.

Wie läuft eine Seebestattung ab?

Zunächst einmal muss eine Feuerbestattung vonstattengegangen sein. Man kann also nur die Urne, nicht den Verstorbenen ins Meer werfen. Zudem muss die Urne aus wasserlöslichem Material sein und mit Sand, Kies oder Ähnlichem beschwert werden, damit sie schnell absinkt. Außerdem darf sie nur auf sogenannten Seefriedhöfen, also in bestimmten Gebieten der Nord- oder Ostsee, über Bord gehen.

Kann man mit einem U-Boot zur Beisetzungsstelle tauchen?

Theoretisch schon, denn die Koordinaten der Stelle, wo die Urne ins Wasser gelassen wurde, werden im Logbuch des Schiffes festgehalten. Allerdings zersetzt sich die Urne schnell, da sie aus wasserlöslichem Material besteht. Es könnte demnach schwierig werden, die Stelle nach der Seebestattung noch zu finden.

Wird die Urne einfach auf dem Wasser ausgekippt?

Nein, der Kapitän lässt die Urne langsam in einem Netz ins Meer gleiten. Danach wird die Schiffsglocke achtmal geschlagen. Das „Glasen“ steht sinnbildlich für das vergangene Leben.

Wer darf Seebestattungen durchführen?

Es gibt Reedereien, die sich auf diese Form der Bestattung spezialisiert haben. Begleitet werden diese von einem Bestattungsinstitut, das beispielsweise die Überführung der Urne organisiert, denn es ist nicht erlaubt, die Asche im eigenen Auto an die Küste zu transportieren.

Gibt es auch andere Länder, in denen Seebestattungen möglich sind?

Bestattungen auf dem Meer gibt es seit Menschengedenken und in allen Kulturen dieser Erde. Vor allem die seefahrenden Völker, wie beispielsweise die Wikinger, übergaben ihre Verstorbenen dem Meer als letzte Ruhestätte. Gläubige Hindus bringen ihre Verstorbenen in die Stadt Varanasi, um dort ihren sterblichen Körper zu verbrennen und die Asche in den ewigen Kreislauf eintreten zu lassen. Grundsätzlich ist es auch für deutsche Staatsbürger möglich, an einem anderen Ort als in der Nord- oder Ostsee seebestattet zu werden. Allerdings brauchen die Angehörigen Geduld, denn der Transport der Urne über Landesgrenzen hinweg ist eine ziemlich langwierige und meist teure Angelegenheit.

TRAUERFEIER

DAS LETZTE LIED

Auf einer Trauerfeier hat man viel Verantwortung. Dementsprechend kann auch viel schiefgehen.

„Beeilung! Wir müssen gleich los", rief mir Tobi zu.

„Wir haben noch Zeit, Beginn ist doch erst in anderthalb Stunden."

Ich packte gerade die letzten Dinge für die anstehende große Trauerfeier ein. 150 Leute wurden erwartet.

Am Friedhof angekommen, bauten wir alles auf und dekorierten. Es war ein warmer Frühlingstag, und ich genoss die ersten Sonnenstrahlen des Jahres. Kurz bevor die ersten Trauergäste erwartet wurden, waren wir fertig.

Perfekt, dachte ich. Jetzt kann es losgehen.

„Kümmerst du dich heute um die Lieder?", fragte Tobi.

Ich wusste, dass er es hasste, die Musik abzuspielen.

„Klar, kann ich machen", sagte ich deshalb achselzuckend.

Dankbar nickte er mir zu.

„Guten Tag. Sie sind doch bestimmt der Bestatter, oder?", hörte ich auf einmal eine Stimme von der Seite.

Ich drehte mich um und sah den Pfarrer vor mir stehen.

„Gut, dass Sie schon da sind. Ich wollte wegen der Reihenfolge der Lieder mit Ihnen sprechen", antwortete ich.

„Ach ja, da habe ich gerade noch einmal etwas geändert." Er

hielt mir seinen Notizzettel hin, auf den er mit krakeliger Schrift Liedtitel geschrieben hatte.

Als ich nach einigen Momenten endlich etwas in dem Gekrakel entziffern konnte, brach mir der Schweiß aus. Es waren sieben Lieder, obwohl nur sechs vereinbart waren, und wenn ich es richtig erkannte, war die Reihenfolge völlig anders, als ich es auf meinem iPad vorbereitet hatte.

Gerade als ich mich beim Pfarrer beschweren wollte, raunte er mir zu: „Pst, die Leute kommen!"

Zu spät. Die Trauerfeier begann.

Ich blickte mich um. Alle Plätze waren belegt, es waren sogar noch mehr Leute gekommen als erwartet. Ich schluckte gegen den Kloß in meinem Hals an, der von Minute zu Minute größer wurde.

Dann gab mir der Pfarrer ein Zeichen. Jetzt! Ich sollte das erste Lied abspielen. Verwirrt starrte ich auf das Tablet und überlegte. Welches war das richtige? Und wo war der verdammte Zettel?

Der Pfarrer räusperte sich und starrte mich unverwandt an. Auch auf den Bänken im Zuschauerraum wurde es unruhig. Füße scharrten. Einige Köpfe drehten sich in meine Richtung.

Ach, auch schon egal.

Ich machte das Beste aus der Situation und klickte einfach einen der Tracks aus der Mitte an. An den verwirrten Blicken des Pfarrers und der Angehörigen konnte ich erkennen, dass es das völlig falsche Lied war. Der Geistliche versuchte mir mit fahrigen

Gesten Zeichen zu geben, aber ich hatte keine Ahnung, was er mir damit sagen wollte. Nächstes Lied? Eins vor? Eins zurück? Ich konnte es nicht deuten. Und wo, verdammt noch mal, war dieser blöde Zettel?!

Mit schwitzigen, zittrigen Fingern drückte ich auf gut Glück auf das nächste Lied. Der Pfarrer schlug die Hände überm Kopf zusammen, und eine der Töchter der Verstorbenen begann zu weinen. In diesem Moment wusste ich: Jetzt hast du es wirklich verkackt. Ich wollte am liebsten im Erdboden versinken.

Warum muss dieser blöde Pfarrer auch kurz vor Beginn der Feier die Reihenfolge der Lieder ändern?, fluchte ich im Stillen, wusste aber, dass mein stummes Gemecker rein gar nichts an der Situation änderte.

Die Zeit wollte einfach nicht vergehen. Weil ich den Zettel nicht mehr finden konnte, spielte ich noch zwei weitere Male die falschen Lieder ab. Die Minuten fühlten sich an wie Stunden!

Umso glücklicher war ich, als alles vorbei war. Nie zuvor habe ich nach einer Trauerfeier so schnell meine Sachen zusammengepackt und bin aus der Kirche verschwunden.

Q&A – SCHON GEWUSST?

Darf man sich für eine Beerdigung jede Musik wünschen?

Natürlich. Wir hatten mal eine Beerdigung, da wurde ein Song von Rammstein gespielt, weil der Verstorbene ein großer Fan gewesen war. Aber auch Salsa-Musik oder Karnevalslieder können laufen, wenn es zu dem Menschen passt, von dem sich die Trauergemeinde verabschieden will.

Gab es mal eine wirklich lustige Bestattung oder Trauerfeier?

Die gab es tatsächlich, und zwar die Trauerfeier eines Sechzehnjährigen. Damals war die Trauerrede sehr besonders gestaltet. Der Redner erzählte ein paar persönliche Geschichten über den Verstorbenen, und wie Teenager halt so sind – jung, lustig, übermütig –, musste die ganze Gemeinde lachen, obwohl es natürlich ein unfassbar schmerzlicher Anlass war. Das war sehr schön und bewegend und hat uns gezeigt, dass eine Trauerfeier nicht immer nur traurig sein muss.

Können Bestatter besser mit Trauer umgehen als andere Menschen?

Wir sind darin geschult, mit Trauernden umzugehen, und wissen, wie Trauer funktioniert. Wenn wir selbst einen Verlust erleiden, wenden wir alles an, was wir über Trauer wissen, und können so vermutlich wirklich ein bisschen besser damit umgehen. Das hoffen wir zumindest.

NACHWORT VON JOHANNES

Warum wird man Bestatter? Gute Frage. Warum wird man Schornsteinfeger, Herzchirurg oder Journalist? Vermutlich, weil man etwas Positives mit dem Beruf verbindet und davon ausgeht, dass einem die Betätigung Freude bereiten könnte.

Ich bin Bestatter aus Leidenschaft und absoluter Überzeugung. Ja, ich führe einen Familienbetrieb in fünfter Generation, und natürlich hätte es auch andere Berufe gegeben, die mich gereizt hätten. Wäre mein Opa Lehrer, Mechaniker oder Koch gewesen, würde ich Beerdigungen höchstens auf der Trompete begleiten und ein letztes „Time to Say Goodbye“ spielen, und Luis würde womöglich auf seine Pilotenausbildung hinfiebern. Aber wir wurden in eine Bestatterfamilie hineingeboren und haben in dieser Aufgabe nicht nur einen Beruf, sondern vor allem unsere Berufung gefunden.

Es ist uns eine Herzensangelegenheit, die Verstorbenen zu versorgen, sie für die letzte Reise vorzubereiten und für Menschen da zu sein, die um Angehörige, Freunde oder Kollegen trauern.

Trauernde befinden sich oft in einer Art Schockzustand und stellen sich existenzielle Fragen. Wir wollen mit Expertise, Empathie und Erfahrung bei der Beantwortung dieser Fragen helfen und Linderung verschaffen. Denn wir sind nicht nur für die Toten, sondern vor allem auch für die Lebenden da.

Wenn ein geliebter Mensch stirbt, fallen die Angehörigen oft in ein schwarzes Loch, selbst wenn der Tod absehbar, vielleicht sogar eine Erlösung war. Trauernde gehören von einem Moment zum nächsten nicht mehr dazu und befinden sich in einem besonderen Zustand. Jede Normalität ist in diesem Augenblick außer Kraft gesetzt.

Wir sehen unseren Auftrag darin, Hilfe zu leisten, da zu sein und das abzunehmen, was man abnehmen kann, um Platz für die Trauer zu lassen. Als Bestatter beerdigen wir nicht nur – wir begleiten in besonders schlimmer Zeit.

In unserer effizienten und rational geprägten Gesellschaft ist für die Verarbeitung von Trauer oft kein Platz. Früher waren Leid, Sterben und Tod der Alltag, denn man lebte mit Kranken und Alten zusammen, bahrte sie nach dem Ableben sogar zu Hause auf. Heute haben wir den Umgang mit dem Tod verlernt. Alte sterben in Heimen, Kranke in Kliniken. Das Sterben haben wir, wie vieles andere, aus unserem Leben ausgeschlossen. Deshalb fehlt uns die persönliche Erfahrung im Umgang mit dem Tod, und nur wenige von uns haben eine echte Fähigkeit zu trauern entwickelt.

Die meisten sind nicht in der Lage, mit negativen Emotionen umzugehen – auch deshalb fehlt oft die Sensibilität für diese Art von Ausnahmesituationen. Überforderte Bekannte wechseln die Straßenseite, wenn sie Trauernden begegnen. Kollegen sagen verletzende, unbedachte Sätze, weil sie nicht wissen, wie sie trösten können.

Wir haben es uns zur Aufgabe gemacht, über Tod und Trauer aufzuklären. Mein Sohn stellt Videos aus unserem Bestattungsinstitut bei TikTok und YouTube online, in denen wir ernste, lustige und manchmal auch merkwürdige Fragen beantworten. Wir lachen über witzige Situationen, auch wenn es Menschen geben mag, die das despektierlich oder unangemessen finden.

Viele Menschen denken, dass es bei uns immer ernst und traurig zugeht. Das Gegenteil ist der Fall. Gerade weil wir uns hauptsächlich mit den traurigen Momenten des Lebens beschäftigen, muss die Arbeit Spaß machen und einen Gegenpol bilden. Die Stimmung im Team ist eigentlich immer gut, wir lachen zusammen, und manchmal weinen wir gemeinsam.

Ob es der „richtige" Umgang mit dem Tod ist? Das weiß ich nicht. Ich weiß nur, es ist unser Umgang damit.

Auch wenn es entsetzliche, furchtbare und erschreckende Momente in jedem Leben gibt: Genießt die Zeit, die ihr auf Erden habt, egal ob mit eurem Partner, euren Kindern, euren Freunden oder eurer Familie. Ob es ein Leben nach dem Tod gibt, kann niemand mit Sicherheit sagen. Aber das Leben und Lieben im Hier und Jetzt ist schön und wichtig. Und darauf kommt es an.

DANK

Bedanken möchte ich mich zuerst einmal bei meinem Vater. Ohne ihn wäre ich nicht der, der ich jetzt bin, und Bestatter schon gleich dreimal nicht. Es macht einfach Spaß, gemeinsame Projekte zu haben, ganz egal welcher Art. So an einem Strang zu ziehen, wie wir das tun, und den eigenen Vater gleichzeitig als Freund, Chef und Unterstützer zu haben, ist nicht selbstverständlich. Danke dafür, Papa! Ich bin sehr gespannt, was wir noch zusammen erleben und was für coole, spannende Projekte auf uns zukommen werden. Ich freue mich darauf!

Danke auch an alle, die mich und uns verfolgen. Unsere Fans auf TikTok und den anderen Social-Media-Kanälen. Ohne euch wäre vieles nicht möglich. Dass ich einmal eine so große Reichweite haben werde, hätte ich nicht mal im Traum gedacht. Ich finde es cool, dass sich so viele Menschen für das Thema interessieren und sich die Videos anschauen. Einigen konnte ich dadurch schon in ihrer Trauer helfen, manchen sogar die Angst vor dem Tod nehmen. Es ist ein unbeschreibliches Gefühl, Menschen in einer schweren Phase helfen zu können. Danke. Ohne euch wäre vieles davon nicht möglich.

Es hat mir sehr viel Spaß gemacht, mit Luis dieses Buch zu schreiben und dabei zu sehen, wie weit er bereits in die Firma hineingewachsen ist. Er geht in seinen Aufgaben voll auf und hat Spaß an seiner Arbeit. Das finde ich klasse! Ich bin stolz auf ihn, denn das, was er im letzten Jahr in den sozialen Medien und gerade auch auf TikTok auf die Beine gestellt hat, ist wirklich bemerkenswert.

Ich danke an dieser Stelle postum meinem Opa Leonard Burger. Ohne ihn könnte ich all diese Geschichten nicht erzählen, denn dann hätte es die Firma so in dieser Form nicht gegeben.

Ebenso danke ich auch allen Mitarbeiter*innen – ganz gleich ob aktuelle oder ehemalige – ihr seid klasse, und es macht unheimlich Spaß, mit euch solche Geschichten zu erleben und erlebt zu haben.

Ein besonderer Dank geht an meine Partnerin und meine Kinder. Sie mussten es aushalten, dass ich mich in einer besonders stressigen Zeit auch noch in ein Buch-Projekt gestürzt habe. Ihr seid die Besten. Ich liebe euch.

Einen weiteren Dank spreche ich all unseren Fans und Fürsprechern aus. Egal ob auf TikTok, Instagram, Facebook oder einfach im realen Leben: Ich finde es großartig, dass ihr euch für unsere Thematik begeistern lasst und uns all die Jahre treu begleitet. Ihr könnt gespannt sein, denn das Buch war sicherlich nicht das Letzte, was ihr von uns gehört oder gelesen habt.

Zuletzt richte ich mein Wort an alle traurigen Menschen, die dieses Buch gelesen haben: Ihr habt meinen größten Respekt. Ihr setzt euch mit euren Gefühlen und eurer Trauer auseinander. Ich glaube, das ist das Schwerste, das es gibt. Vielleicht können wir euch mit unseren Projekten, Geschichten und Themen ein klein wenig helfen? Das würde mich freuen. Haltet durch!